MICHAEL MOORE
AU-DELÀ DU MIROIR

Guy Millière

MICHAEL MOORE AU-DELÀ DU MIROIR

document

éditions du
ROCHER

ISBN : 978 2 268 06412 3

« Un menteur est bien pire et fait davantage de mal qu'un bandit de grand chemin, car un menteur égare les gens, et séduit les âmes pour les détruire. »

Martin Luther, *Propos de table*, DCXC, 1569

« Quiconque ment n'a pas le cœur pur, et une telle personne ne peut fabriquer une soupe limpide. »

Ludwig van Beethoven, *Lettre à Mme Streicher*, 1820

« Il n'est pas nécessaire que la propagande soit riche en contenu intellectuel. »

J. P. Goebbels, *Discours à Nuremberg*, 20 août 1926

Je n'avais, initialement, pas l'intention d'écrire un livre sur Michael Moore. Pour moi, la cause était entendue depuis longtemps. C'était, et c'est un imposteur.

En voyant les dégâts croissants causés dans tant de têtes par une suite de films et de livres, j'ai changé d'avis. Et je me suis laissé convaincre.

Laisser des discours ineptes, des mensonges, des calomnies se disséminer impunément, c'est accepter l'ineptie, le mensonge, la calomnie. C'est leur permettre de s'installer dans l'air du temps. C'est, lorsqu'il s'agit de liberté, de démocratie et de droiture, se résigner à ce que ces mots, tôt ou tard, aient perdu toute signification.

J'entends que les pages qui suivent soient prises pour ce qu'elles sont : un grand coup d'épingle dans une baudruche dangereuse et délétère qui a occupé trop de place, pendant beaucoup trop longtemps.

Introduction

« Un tract que Michael Moore distribue courageusement, et qu'on n'a pas envie de jeter en boule dans le caniveau », notait Marine Landrot dans *Télérama*. « Une œuvre salvatrice, qui s'attache à réveiller les consciences du public américain », précisait Véronique Le Bris dans *Zurban*. « Une entreprise de déstabilisation revendiquée, une énorme comédie dont le héros involontaire se trouve être le président américain. Une busherie, en somme », ajoutait Olivier Bonnard dans le *Nouvel Observateur*. « Des procédés de mise en scène minables et putassiers », notait, presque seul à employer ce vocabulaire, le critique de *Chronic Art*.

À l'époque, Michael Moore venait de présenter *Fahrenheit 9/11* au Festival de Cannes. Il allait recevoir la Palme d'or et une ovation debout par une salle éperdument enthousiaste. Le succès en salle allait suivre. Les ventes en DVD. Les passages sur diverses chaînes de télévision.

Il n'a manqué que les T-shirts, les briquets publicitaires et les jouets en peluche. Dans les librairies, les livres n'étaient pas en reste et trônaient en piles épaisses, dès l'entrée.

À l'époque, je me consumais de rage mal contenue. Je savais déjà à quoi m'en tenir concernant celui que l'un de mes amis californiens appelle le « communiste obèse et obtus ». Je savais qu'on avait affaire à un menteur, un falsificateur, un imposteur sans retenue ni scrupule. Mais je savais aussi qu'il était impossible de le dire et d'arracher le masque.

On ne tire pas sur l'idole alors que celle-ci est en pleine gloire, et l'on ne prend pas le risque de la blesser sans courir celui de la transformer en légende éternelle, et de passer soi-même pour un salaud aigre et obsessionnel.

Aujourd'hui, au moment où j'écris ces lignes, le vacarme et les clameurs sont retombés. Très provisoirement peut-être. Le cirque pourrait reprendre très vite. Marine Landrot, Véronique Le Bris, Olivier Bonnard ou ceux qui les auront remplacés dans leurs rédactions respectives vont-ils à nouveau s'esbaudir et s'extasier ? On le saura bientôt. On le saura pour partie déjà au moment où ce livre paraîtra, puisque *Sicko*, nouveau film de Moore, sera sorti en France.

Il existe, pour l'heure, une « fenêtre de tir ». Je l'utilise.

Et j'entends dire ce qui doit être dit.

Fahrenheit 9/11 est le produit de propagande le plus malhonnête à avoir vu le jour depuis de très nombreuses années.

Certains, pour tenter de trouver des équivalents au film, ont remonté au temps de Leni Riefenstahl, mais je me dis qu'ils ont fait trop d'honneur à Moore : il a la crapulerie de l'auteur du *Triomphe de la volonté*, mais pas le talent. Au temps de Riefenstahl, il est vrai, on pouvait explicitement baver d'admiration devant les tyrans aux tentations génocidaires, ce qui facilitait les choses. C'est devenu difficile aujourd'hui.

Fahrenheit 9/11 est, à ce jour, le seul produit d'un studio hollywoodien (car *c'est* le produit d'un studio hollywoodien) à avoir suscité les éloges dithyrambiques des bien-pensants de toutes les démocraties occidentales, et à avoir été diffusé intensément à des fins de propagande, sur le territoire qu'ils contrôlent, par un groupe terroriste, le Hezbollah, et par un dictateur communiste, Fidel Castro.

C'est, depuis l'époque de Hitler et de Staline, depuis la fin de la « révolution culturelle » et du maoïsme en Chine, le seul documentaire dont on puisse dire qu'il constitue intégralement, de sa première à sa dernière image, un ouvrage de fiction se présentant néanmoins comme un documentaire. On peut y recenser un *minimum* de soixante mensonges et falsifications : pour un film qui dure cent dix minutes et qui comporte des plans parfois longs, c'est un rythme intensif, pour ne pas dire frénétique.

C'est, depuis l'époque où Jane Fonda s'était rendue au Nord Vietnam pour interroger, sous le regard de leurs tortionnaires, des prisonniers américains, la première fois, dans un film réalisé hors d'une dictature, que des soldats d'une démocratie blessés au combat voient leurs propos délibérément et totalement falsifiés. L'un d'entre eux, un homme qui a perdu ses deux bras en Irak, le sergent Peter Damon, a déposé plainte contre Moore pour l'avoir déshonoré. On en a fort peu parlé dans la presse, je sais, mais qu'est-ce que l'honneur d'un soldat à côté de l'aura d'un Michael Moore ?

Je vais, dans les pages qui suivent, m'employer à mettre au jour les mensonges et les falsifications dont *Fahrenheit 9/11* regorge à en déborder. Et je ne m'arrêterai que lorsqu'il ne restera rien, strictement rien debout.

Certains films sont si nocifs, si nauséabonds qu'ils impliquent un traitement de choc et doivent être mis hors d'état de nuire. Pour le présent, mais aussi et surtout pour le futur, car ce qui est faux et malsain peut corroder longuement la mémoire et la perception du monde...

Dès le début du film, Moore montre Al Gore en train de fêter sa victoire en Floride et utilise les images comme si elles avaient été filmées après l'annonce de la victoire. Moore ne dit pas, bien qu'il le sache, qu'il utilise des images qui ont été filmées *plusieurs heures* avant l'annonce des résultats, à un moment où *aucun résultat* n'a encore été annoncé. Quelques autres glissements progressifs vers le mensonge conduisent le spectateur à se dire que toute l'élection présidentielle de novembre 2000 a été truquée : on peut montrer que c'est totalement faux, mais une démonstration est quelque chose de long et ennuyeux, alors qu'une rumeur, c'est tellement plus digeste. La rumeur est sans fondements ? Qu'importe : si les fondements n'existent pas, il suffit de les inventer, quitte à recourir à toutes les falsifications imaginables. L'ensemble du film est fabriqué de cette façon. Moore montre Bush dans une classe d'école maternelle en Floride au moment où il apprend les attentats du 11 septembre, et il insinue que Bush continue à lire une histoire de chèvres pour enfants de quatre ans... Si Moore était allé voir l'institutrice et l'avait interviewée comme la presse écrite, il aurait vu que celle-ci, comme la directrice de l'école, avait au contraire remercié Bush pour son sang-froid et pour n'avoir pas plongé les enfants dans un état de panique. Mais c'était tellement tentant de faire passer Bush pour un crétin et de laisser de côté le point de vue de l'institutrice. Qu'est-ce que c'est, une institutrice ? Quelqu'un qui s'occupe d'enfants. Moore, lui, fait de la propagande à l'échelle planétaire. Et l'on voudrait qu'il respecte quelqu'un qui s'occupe d'enfants et dans une seule classe ? Allons...

Quelques autres absences de scrupules comme celle-là, et Bush passe effectivement pour un crétin. Sans fondements, là encore ? Il y a tellement de gens qui seraient prêts à *payer cher* pour que les fondements soient bricolés que Moore aurait eu tort de se gêner, et de ne pas appliquer le vieux conseil qui sert de titre à une comédie de Woody Allen : *Take the money and run*. Prends l'oseille et tire-toi. Comme je le montrerai plus loin, Moore ne s'est pas contenté de prendre l'oseille, mais c'est une autre histoire...

De toute façon, si Bush s'était levé d'un bond pour quitter la classe, Moore, ou des gens aussi bien intentionnés que lui, aurait mis en avant sa « nervosité incontrôlable » et son « irresponsabilité ». Quelques plans d'enfants en train de pleurer à cause du grand méchant Président, et l'affaire aurait été dans le sac. Quand vous détestez quelqu'un, quand vous voulez nuire, quand vous avez un esprit pervers, quand vous êtes Michael Moore, en somme, vous êtes comme l'escroc qui joue à pile ou face : face, je gagne. Pile, tu perds.

Plus loin dans le film, Moore affirme explicitement que la guerre en Afghanistan a été déclarée pour permettre à la compagnie Unocal de construire un oléoduc. Il omet de dire que le projet a été *abandonné totalement* par Unocal en 1998, soit *trois années* avant le 11 septembre et la guerre en Afghanistan. Une simple vérification des faits aurait permis à Moore de voir que ce qu'il déclare est faux, mais s'il devait s'encombrer de faits réels plutôt que de concocter ce qui l'arrange, Moore ne serait plus Moore !

Et je n'ai abordé là que quelques aspects mineurs. Tout dire sur ce qu'il y a de bancal, de falsificateur, de dépourvu de toute forme de scrupules et d'honnêteté la plus élémentaire dans *Fahrenheit 9/11* impliquerait presque d'écrire un livre entier sur le sujet, et, qui sait, d'élaborer un manuel de déprogrammation mentale pour ceux qui se seraient laissé emporter par le culot sans limites de Moore. Je n'irai pas jusqu'à écrire ce livre ou ce manuel. Je veux bien, en revanche, m'atteler à la tâche de déprogrammation. Je ne m'arrêterai, je l'ai écrit un peu plus haut, que quand il ne restera rien, strictement rien.

Fahrenheit 9/11 n'est, cela dit, qu'une pièce dans un puzzle d'imposture qu'il importe de démonter. Minutieusement. Élément par élément. Fragment par fragment. Indice par indice.

On ne devient pas un menteur et un falsificateur à ce degré sans avoir fait un apprentissage. Et Moore a fait un apprentissage.

Il faudrait se pencher sur son passé, le temps où il était à la tête du magazine gauchiste *Mother Jones*, le moment où il s'est fait mettre à la porte de ce magazine parce que, même pour des gauchistes tels que ceux qui écrivent en général dans *Mother Jones* : les procédés et les comportements de Moore à l'époque étaient au-delà de la limite du supportable.

Il faudrait parler du goût prononcé de Moore pour l'argent, dès cette époque, puisqu'il a demandé alors une indemnité de licenciement de deux millions de dollars (qu'il n'a pas obtenue). Le goût pour l'argent ne me dérange pas, à condition qu'il ne s'accompagne pas d'un discours de mépris pour l'argent et d'une fausse compassion envers les humbles.

Il faudrait évoquer les films précédents de Moore : *Roger et moi* et *The Big One*. Tout est-il scrupuleusement dit et montré dans ces « classiques » de l'« altermondialisme », ou faudrait-il y regarder de plus près ?

Je dis d'emblée ici que j'y regarderai de plus près, et qu'il y a vraiment matière à le faire.

Il faudrait revenir sur *Bowling for Columbine*. Sans que soit atteint le degré d'indignité absolue de *Fahrenheit 9/11*, on trouvait là déjà des éléments dont le moins qu'on puisse dire est qu'ils sont plutôt saumâtres et, si on les hume, assez nauséabonds. Je mettrai au jour ces éléments.

Il faudrait parler de *Canadian Bacon*, la seule incursion franche de Michael Moore dans l'univers de la fiction, le seul film qui ne prétende pas décrire des faits, et qui soit assumé comme relevant de l'imagination. Un film que même les critiques les plus bienveillants à l'égard de Moore ont jugé d'une nullité crasse. « Moore devrait éviter la fiction », écrivait Scott Weinberg, du site Filmcritic.com ; « un film très boiteux », notait Peter Stack dans le *San Francisco Chronicle*. « Un *Docteur Folamour* du pauvre », disait une brève du *New York Times*, ce qui n'était pas gentil pour les pauvres, et très désobligeant pour Stanley Kubrick. L'intrigue rappelait effectivement, de très loin, le célèbre film de Kubrick. Un président des États-Unis idiot et faible (non, ce n'est pas Bush, nous sommes en 1994, et George Walker Bush est, alors, très loin de la Maison-Blanche) discerne que, faute d'ennemis et de gens à détester, le peuple américain est nerveux et à la dérive. En collusion avec un marchand d'armes, le Président idiot et faible invente une menace nucléaire venue du Canada. Comme pour bien montrer que, même s'il a un faible pour le Canada, son mépris concerne tous les Nord-Américains, Moore décrit les Canadiens comme de ternes demeurés. L'ensemble respire une absence profonde de toute forme de respect pour les êtres humains s'ils vivent dans un pays développé.

Il faudrait parler des producteurs de Moore : pourquoi la Weinstein Company finance-t-elle ce genre de produits ? Comment et pourquoi y trouve-t-elle son intérêt ?

Il faudrait parler de *Sicko*, qui sera en salle en France depuis quelques mois au moment de la sortie de ce livre, et que, par devoir professionnel, et pas du tout par plaisir, j'ai vu en Californie, au milieu de spectateurs américains, le jour même de sa sortie.

Il faudra parler des livres de Moore, de ses incursions hasardeuses dans l'univers de la télévision, de sa vie et de ce qu'il ne dit pas. Certains de ses fidèles spectateurs, certains de ceux qui l'ont entendu répéter ne pas « posséder une seule action, car c'est répréhensible moralement », seraient surpris d'apprendre qu'il a spéculé en Bourse avec l'argent que lui a rapporté *Fahrenheit 9/11*, et très bien gagné sa vie ainsi.

Peut-on spéculer en Bourse et le faire avec de l'argent gagné en dénonçant la spéculation boursière ? Il semblerait que oui, et Moore est ce que je pourrais appeler un « gauchiste réversible » : capitaliste en privé, anticapitaliste radical en public.

Moore a même été actionnaire d'une entreprise qu'il a critiquée avec férocité et traînée dans la boue : Halliburton, oui, celle qui fut un temps dirigée par

Dick Cheney. Elle n'a sans doute pas eu lieu, mais une réunion d'actionnaires, où Moore et Cheney auraient débattu des perspectives de profit pour l'année qui vient et des moyens de gonfler les dividendes aurait été un grand moment de vérité ! Cheney aurait pu en profiter pour demander à Moore s'il continuait à penser, comme il l'a écrit, que les actionnaires d'Halliburton et ceux qui travaillent pour l'entreprise sont des « truands » : Moore se serait-il alors rangé lui-même parmi les « truands » ? La question, hélas, n'a pas été posée.

Moore n'a cessé de reprocher aux entrepreneurs américains d'être racistes et de continuer à pratiquer la discrimination vis-à-vis des Noirs, et il sait de quoi il parle.

Parmi les multiples salariés qu'il a embauchés au long de sa carrière, il serait très difficile de trouver des Noirs. Moore répondrait sans doute qu'il n'a cessé de le dire, que les entrepreneurs américains sont racistes et qu'il est un entrepreneur américain. Néanmoins, un entrepreneur travaillant dans un secteur autre que le spectacle et qui aurait les pratiques d'embauche de Moore aurait été traîné depuis longtemps devant les tribunaux et mis au ban d'infamie. Un entrepreneur du spectacle qui aurait eu les pratiques de Moore aurait été dénoncé avec la plus grande vigueur par tout ce que Hollywood compte de gens de gauche. Mais dès lors qu'il s'agit de Michael Moore...

Moore a noté sentencieusement que « l'endroit où vous habitez vous définit et permet de voir votre ouverture sociale et raciale ». Moore, là encore, sait de quoi il parle, puisque l'une de ses deux résidences actuelles se situe dans un quartier privé d'une ville résidentielle réservée à la population blanche : Central Lake Michigan. Vingt-cinq mille habitants, et, bien sûr, pas un seul Noir, pas même un métis.

J'entends dire ici ce qui doit l'être. Je le ferai de manière implacable et minutieuse, car je pense que Moore est un homme malhonnête et dangereux. S'il se contentait d'être malhonnête, j'aurais pu tenter de lui trouver des circonstances atténuantes et lui chercher quelques excuses ; j'aurais pu essayer d'écrire l'histoire d'un homme qui veut réussir par tous les moyens et qui, peut-être, a eu une enfance crapoteuse dans un taudis sordide d'une banlieue froide et grise. Mais, outre le fait qu'il n'a pas eu du tout une enfance crapoteuse, Moore ne se contente pas d'être malhonnête. Il fait du mal. Il dissémine tout un ensemble de venins délétères utilisés en divers points du monde par des gens violents, meurtriers, et méprisables. S'il était simplement dangereux, complice volontaire du gardien vieillissant du goulag tropical où l'on fabrique les havanes et du grassouillet barbu vêtu de noir qui cite Adolf Hitler dans le texte du côté de Beyrouth, je le combattrais comme un ennemi de la liberté. Mais Moore ne se contente pas d'être dangereux...

Lisez plutôt.

1. L'homme de Flint : maquillages, trahisons et malhonnêtetés en tout genre dans le Michigan

Ce serait l'histoire d'un type né dans une famille ouvrière, dans une ville où l'on porte un bleu de travail de père en fils, de génération en génération. Certains, plus méritants, mais assez rares, vont à l'université et tentent de changer le cours d'une existence trop vite dessinée. D'autres n'ont pas cette chance et sont condamnés d'emblée. Si vous lisez une notice biographique de Moore, vous trouverez très vite des éléments qui ressemblent trait pour trait à ce que je viens de noter. Si vous creusez un peu, vous trouverez très vite aussi de premiers écarts par rapport à la réalité.

Moore n'est pas originaire de Flint la prolétaire, et il n'y a pas grandi pendant ses années d'école et de lycée. Il vient d'une petite ville pas très éloignée géographiquement de Flint, puisque la distance qui sépare l'une de l'autre est relativement faible, quinze kilomètres, mais la petite ville en question est moins « présentable » médiatiquement lorsqu'on prétend incarner le « prolétariat ». Elle s'appelle Davison. Elle constitue une banlieue chic, une zone résidentielle pour Blancs aisés. C'est une petite ville patriotique, puisqu'elle se proclame fièrement depuis plusieurs décennies *city of flags*, ville des drapeaux, et la proclamation n'est pas usurpée, car les drapeaux sont partout, sur les maisons, dans les boutiques, sous forme de monuments.

Davison ne devrait pas être un objet de honte pour Moore, elle ne devrait pas impliquer la moindre dissimulation de sa part. Sauf que, c'est vrai, elle ne « colle » pas au personnage. Imaginez qu'Olivier Besancenot soit originaire de Neuilly-sur-Seine, qu'il ait passé sa jeunesse dans un hôtel particulier, qu'il soit de notoriété publique qu'un précepteur qui avait pris des leçons de dramaturgie dans un cours particulier lui lisait chaque après-midi des extraits de *Que faire ?* de Lénine, et l'image soigneusement élaborée du petit facteur humble et opiniâtre s'en trouverait détériorée, reconduite en lisière du ridicule.

Moore ne pouvait parler de Davison. Il ne pouvait parler de la maison où il a grandi. Il ne pouvait dire que, sans être riche, sa famille était plutôt aisée et avait tout fait pour qu'il puisse réussir sa vie. Il ne pouvait rappeler que son père et sa mère avaient essayé de lui donner les moyens de connaître l'ascension sociale dont chacun ou presque rêve en Amérique. Il *devait* être de Flint. Il *devait* venir de milieux ouvriers. Il *devait* avoir connu la misère et l'adversité.

Il ne *pouvait* venir d'une banlieue chic, et encore moins d'une banlieue chic et patriotique. Imaginez que quelqu'un sachant cela en vienne à se poser des questions. « Vous faites partie de ces bourgeois qui se sont révoltés contre leurs racines au moment de l'adolescence, monsieur Moore ? C'est à force de voir autant de drapeaux et d'avoir vécu dans un endroit où l'on aime son pays que vous en êtes venu à la détestation qui vous habite ? Vous est-il arrivé de consulter un psychologue aux fins de tenter de voir quels comptes obscurs et inavouables vous semblez passer votre temps à régler ? Vous êtes-vous interrogé sur les pathologies mentales qui pourraient vous conduire à mentir ? Pensez-vous que ce soit curable ? Avez-vous renoncé à vous soigner lorsque vous avez découvert que certains comportements qui vous rendent méprisable aux yeux de ceux que vous fréquentez de près se sont révélés très lucratifs et vous ont permis de faire fortune ? »

J'imaginerais aisément l'interview. J'imaginerais seulement. Je ne pourrais faire davantage qu'imaginer. Moore n'accorderait pas d'interview à qui lui poserait ce genre de questions. Si cela arrivait, il interromprait l'interview avant même que la première question soit achevée. Il menacerait immédiatement de poursuites judiciaires. Michael Moore est très procédurier. Cela lui permet de se faire craindre et de contribuer à ce qu'on ne parle de lui, le plus souvent, que de manière oblique ou obséquieuse. Il n'a pu empêcher que des livres et des sites Internet montrant l'envers du décor et donnant une autre version que la version officielle existent, mais il a fait ce qu'il a pu. Quand il n'a pu faire interdire, il n'a pas hésité devant les coups les plus bas et les plus vils : ses contradicteurs, en général, sont « vendus » à des grosses multinationales, à des comploteurs d'extrême droite, ils ont eux-mêmes des comptes à régler avec leur enfance, ce sont des ratés sans intelligence ni talent. Moore n'a pas son pareil pour chercher s'il trouve quelque chose dans une poubelle, et s'il ne trouve rien, il lui reste à inventer.

En toute logique, tout au moins selon la logique officielle, Moore aurait dû travailler en usine, oui. Cela aurait été un atout extraordinaire pour lui, une preuve irréfutable. Et s'il avait pu disposer de photos à l'appui, cela aurait été mieux encore, mais à l'impossible nul n'est tenu.

Moore – nul n'aura jamais l'explication concernant ses motivations à l'époque – a fait ce qu'il a pu. Il s'est fait embaucher. Il s'est fait porter malade dès le premier jour qu'il devait passer à l'usine. Il a aussitôt démissionné.

Nul ne peut dire dans ces conditions que Moore n'a jamais été ouvrier. Sans doute n'imaginait-il pas faire ensuite une carrière d'acteur, de cinéaste, de gauchiste professionnel et d'authentique héros de la classe ouvrière, sans quoi il est certain qu'il aurait gardé des traces de cette journée et aurait au moins passé quelques heures dans un atelier. Je ne doute pas que Moore ait des regrets : à quoi cela lui a-t-il servi de se faire embaucher comme ouvrier, sans même pouvoir rappeler indéfiniment cet exploit inouï et sans l'avoir immortalisé ? Imaginez une photographie : Moore en bleu de travail, sur une chaîne de montage. Une vidéo aurait été plus payante encore qu'une simple photographie.

Plan un : on verrait Moore pénétrer dans les lieux, avec, sur le visage, la résignation de ceux qui se disent que leur vie va se consumer au fil du travail à la chaîne.

Plan deux : Moore à son poste, façon *Les Temps modernes* de Charlie Chaplin ; la tâche morne et répétitive qu'il faut accomplir pour gagner son pain. Plan trois : Moore sort et s'apprête à rentrer chez lui. Derrière l'épuisement qui creuse ses traits, on commence à sentir poindre la rage qui fait naître les révolutions. La vidéo n'existe pas. Moore aurait pu la fabriquer, direz-vous : encore eût-il fallu qu'il le fasse en temps utile. Dès le moment où il a tourné son premier film, c'était trop tard. Son physique était connu à ce moment-là. Il aurait pu se rajeunir, certes, mais s'amaigrir aurait été plus complexe.

Après s'être fait embaucher pour travailler en usine et avoir compris que, décidément, ce genre de vie n'était pas fait pour lui, Moore a pris le chemin de l'université. Je n'ai trouvé nulle part mention du département où il s'est inscrit (on parle de théâtre et de sciences politiques, mais je n'ai eu aucune confirmation). Je n'ai pas même cherché la filière ou le diplôme. Moore va discerner très rapidement que les études, ce n'est pas fait pour lui, là encore. Étudier, c'est un peu moins fatigant que travailler en usine, mais cela reste épuisant. Il faut suivre des cours, essayer d'acquérir des connaissances, lire des livres, respecter des gens, professeurs ou condisciples. Moore passera une seule année à l'université, mais je dois reconnaître qu'il a fait preuve, là, de davantage de persévérance qu'à l'usine.

Il semble que, plutôt qu'étudier, Moore se soit, à ce moment, intéressé aux activités d'agitation et de propagande, et qu'il ait découvert ainsi sa vocation. Il reprend en main le journal de l'université, une feuille d'une vingtaine de pages destinée à donner des nouvelles du campus, *The Michigan Times*. Il semble prendre très à la légère la devise inscrite du lieu ; *Artis, scientia, veritas* (Arts, sciences, vérité), puisqu'on trouve dans cette publication, à l'époque, fort peu d'art et de sciences, et encore moins de vérité, mais davantage des diatribes, des attaques personnelles, des tentatives de se conduire comme un *gadfly*, un emmerdeur en somme, terme qu'il emploie souvent pour se désigner lui-même.

Je n'ai pu savoir là encore si Moore était parti parce qu'il en avait assez de l'université, ou parce qu'il s'était fait détester au point d'hésiter face à l'idée de devoir affronter le regard d'étudiants trompés, trahis ou ridiculisés. Mais cela n'a aucune importance.

Moore a découvert, alors, qu'on peut faire mal avec des mots. Il a vu l'impact que pouvait avoir la calomnie. Il a vu aussi que jeter toute forme de scrupule par-dessus bord ne coûtait pas cher et pouvait se révéler rémunérateur.

Il va fonder un magazine qui, après avoir reçu le nom de *The Flint Voice*, aura pour titre *The Michigan Voice*. Quiconque verrait une ressemblance avec *The Michigan Times* sera considéré comme malveillant, je sais. Et je dois être très malveillant pour dire que le nom et la maquette de l'un et de l'autre ont de nettes ressemblances, mais ce n'en est pas moins ce que je pense, ce que je constate, ce qui me semble vérifiable.

« L'un des magazines les plus respectés de la contre-culture américaine », dit Moore, qui n'oublie jamais de chanter ses propres louanges dès qu'il peut s'en donner l'occasion...

En fait, un magazine relativement médiocre qui vivra d'aides financières diverses, la principale venant d'un chanteur de soft rock naïf et généreux que Moore saura séduire, Harry Chapin. On y trouve des articles, destinés à susciter le scandale, traquant la « corruption » des hommes politiques (« tous corrompus », disait Moore à l'époque) et la violence des policiers (« tous brutaux », disait Moore encore), la publication de documents juridiques obtenus par des moyens troubles, et dont résulteront diverses plaintes en justice. Suite à ces plaintes, aura lieu une perquisition en bonne et due forme que Moore saura tourner à son avantage en parlant de méthodes dignes de la Gestapo et en appelant à son secours divers mouvements de défense des « droits civiques », dont l'American Civil Liberties Union. On y trouve aussi une chronique confiée à un ouvrier, un vrai, un qui a passé plus d'une journée à l'usine, un certain Ben Hamper, un *chop rat*, un « rat d'atelier », comme disait Michael Moore. « Mike avait une curiosité fascinée concernant la façon dont les choses se passaient à l'intérieur de l'usine. Il me parlait comme un voyeur », dira Hamper plusieurs années plus tard dans un entretien. « Mike s'intéressait à l'usine à condition de rester à l'extérieur. » Quant au magazine ? « Mike voulait nuire aux détenteurs d'autorité.

L'essentiel de ce qui était publié était plutôt mauvais, de la bile merdique », poursuivra Hamper. Sam Riddle, l'un des fondateurs du magazine avec Moore dira, lui : « Mike avait un problème évident avec l'autorité. Il voulait que ça avance, par tous les moyens nécessaires. » Moore pratiquait l'humour dès cette époque. Au temps où le magazine s'appelait *The Flint Voice*, il y faisait paraître un petit feuilleton appelé *La Vie de Brian*, qui suivait la vie de ce personnage : depuis la « giclée de sperme » jusqu'à l'âge adulte. Dès qu'un spermatozoïde avait fécondé l'ovule, les ennuis commençaient, la coercition, l'oppression qui culminait avec la nécessité d'aller travailler. « Il y a une part de rousseauisme dans la vision du monde de Moore, notera un journaliste. Une sorte d'idée de l'innocence naturelle que la société vient corrompre et qu'on doit retrouver en détruisant la société. »

Moore pratiquait l'humour, mais il continuait à se conduire de façon peu recommandable avec ceux qui l'entouraient. Un autre des fondateurs du magazine, Doug Cunningham, a été incité par Moore à mener une enquête au sein des services municipaux. Quand Cunningham a été licencié pour faute professionnelle en raison directe des incitations de Moore, celui-ci s'est séparé de Cunningham, a nié lui avoir demandé quoi que ce soit et n'a jamais publié, bien sûr, le texte remis par Cunningham. Vingt ans après, Cunningham bout encore de rage, dit que Moore, dès cette époque, a « renié les principes éthiques les plus élémentaires ». Il le répète à qui veut bien l'entendre. Il donne preuves et détails. Ce qu'il a à dire n'intéresse pas grand-monde. Comment s'étonner ? Depuis, Moore a fait tellement pire...

En 1986, cinq ans après la mort de Harry Chapin dans un accident de voiture, faute de nouveau mécène tenté par l'extrémisme, le magazine dut déposer le bilan. Moore partit aussitôt pour San Francisco. La petite notoriété tapageuse dont Moore s'était paré dans le Michigan avait laissé certains penser qu'il avait un avenir prometteur.

Le directeur d'un magazine très à gauche appelé *Mother Jones* s'était montré intéressé par la capacité de Moore à déclencher le bruit et la fureur. Il y voyait un moyen de faire monter les ventes du magazine. Pour Moore, c'était une immense promotion. Il passait d'un magazine tapageur, mais local, diffusé à quelques milliers d'exemplaires dans une petite ville industrielle du Midwest, à un magazine qui avait, au bout d'une dizaine d'années d'existence, commencé à se doter d'une crédibilité, qui tirait à plus de cent mille exemplaires, et qui faisait appel à des journalistes professionnels et à des universitaires. Plus exactement : pour Moore, cela aurait dû être une immense promotion. Ce que n'avait pas compris la direction de *Mother Jones* est qu'un homme tel que Moore ne pouvait pas se révéler à la hauteur de la tâche. Soutirer de l'argent à un chanteur, Moore s'en était montré capable, trahir, Moore s'en était montré capable, salir, Moore s'en était montré capable encore, faire des esclandres, s'agiter, provoquer, Moore s'en était montré capable, toujours. Mais s'intégrer à une équipe, fût-ce pour la diriger, c'était inconcevable. Cela ne s'était jamais fait. Cela ne s'est pas fait.

Dès son arrivée à San Francisco, Moore a été méprisant, haineux, arbitraire, dictatorial. Comme s'il ne pouvait accepter aucun ordre établi, pas même celui de la rédaction d'un magazine pourtant censé être proche de ses idées. Comme si Moore avait une revanche imaginaire à prendre sur des gens des grandes villes qui avaient fréquenté l'université davantage qu'une année. Comme s'il ne supportait pas que certains aient acquis des connaissances dont, lui, ne disposait pas.

Dès la première rencontre avec la rédaction, le ton a été donné. « Je n'aurais pas publié un seul article de tous ceux qui figuraient au sommaire des derniers numéros. Ils étaient trop nuls », a dit Moore sur un ton cassant. La suite s'est révélée plus sombre encore. « Il n'était presque jamais présent, et quand il était là, c'était pour invectiver tout le monde », dira l'un. « Il jetait les papiers sans les avoir lus », précisera un autre. « Il pratiquait une censure arbitraire et inadmissible », dira un troisième. Avant que les choses ne s'enveniment au point d'entraîner la disparition du magazine, la direction décida de se séparer de Moore, suite à la suppression totale d'une enquête menée par Paul Berman, universitaire qui jouissait déjà à l'époque d'une haute réputation.

Moore se conduisit comme on pouvait s'y attendre. Il déposa une plainte en justice pour licenciement abusif. Il demanda deux millions de dollars à *Mother Jones* au titre de réparation du « préjudice » subi. Il s'installa sur le parvis de la mairie de la ville, dans Union Square, aux fins de prendre la pose du martyr persécuté par l'« ignoble » direction d'un magazine qui révélait enfin son vrai « visage de pourriture capitaliste ». Il se fit entendre à la radio, à la télévision, dans la presse écrite. La direction de *Mother Jones*, craignant des retombées négatives et désireuse d'en finir, proposa 58 000 dollars à Moore pour quitter Union Square et rentrer chez lui. Moore accepta. Sans doute faut-il préciser à ce stade que non seulement *Mother Jones* était, et reste, un magazine de bonne réputation bien que très à gauche, mais que c'est un magazine publié par une association à but non lucratif (The Foundation for National Progress), qui vit essentiellement de dons et n'offre à ses salariés qu'une rémunération modeste. Sans doute faut-il ajouter que c'est l'association à but non lucratif qui a dû payer les 58 000 dollars finalement versés à Moore, ce qui voici vingt ans représentait une somme très importante, même si elle était sans commune mesure avec les deux millions de dollars initialement réclamés par Moore. En quelques semaines à peine, en ayant très mal fait son travail, mené l'entreprise qui avait décidé de l'employer au bord du sabordage et du sabotage, en s'étant conduit comme un dictateur insupportable, en ayant menti et ameuté les médias pour qu'ils prêtent l'oreille à ses mensonges, Moore a réussi à gagner infiniment plus d'argent qu'il n'en aurait gagné en se conduisant de manière plus honnête et plus respectueuse des autres.

Moore avait découvert à Flint le pouvoir de la calomnie et de l'absence de scrupules. C'est à San Francisco que la découverte s'est cristallisée.

Comment se conduire comme un sagouin et s'en trouver récompensé ? Moore le sait. Les gens de *Mother Jones* le savent aussi. L'un d'eux a déclaré à un journaliste qu'il apportait une grosse boîte de beignets à Michael Moore chaque jour où celui-ci gratifiait la rédaction de sa présence. « Les autres pensaient que c'était pour me faire bien voir, a-t-il ajouté ; j'ai dû leur expliquer que c'était pour le faire crever de boulimie et en être débarrassé. Non seulement il insultait, mais il bouffait tout le temps. J'aurais aimé le voir exploser et n'avoir plus qu'à ramasser les morceaux. »

Paul Berman le sait, lui aussi. « J'avais fait une enquête au Nicaragua sous les sandinistes, à la demande de la direction du magazine. Je suis parti avec des illusions dans la tête. Sur place, j'ai vu l'horreur totalitaire et les crimes commis par les sandinistes. Je n'ai pas renoncé à mes convictions. Je suis toujours le même. J'ai seulement voulu dire la vérité. Moore m'a demandé de mentir parce que dire la vérité aurait servi l'administration Reagan. J'ai refusé. Il a mis mon enquête au panier. Après avoir été mis à la porte, Moore ne s'est pas contenté de diffamer *Mother Jones ;* il m'a traîné dans la boue moi aussi. Ce n'est pas l'idée que je me fais de la gauche. La gauche, pour moi, a des principes et des valeurs, et elle ne falsifie pas les faits ; elle ne les occulte pas sous prétexte de faire avancer ses principes et ses valeurs. »

Berman a incarné une idée de la gauche. Moore a incarné une autre idée de la gauche, extrêmement différente.

« Ce qui m'a semblé insupportable à l'époque, a déclaré Berman une décennie plus tard, ce n'est pas que le mensonge et la grossièreté de Moore l'aient emporté. C'est que nous ayons commencé à vivre des temps d'imposture tapageuse où une gauche qui ne sait rien, qui n'a pas de repères, pas de valeurs, pas d'autre objectif que d'abattre l'adversaire, l'emporte et fait de gens tels que Michael Moore son chef de file. »

Paul Mulshine, journaliste au *Star Ledger*, interrogeant Berman, note : « Moore voit le monde en noir et blanc et ne discerne pas la complexité. Il n'a ni culture ni éducation. Face à lui, des gens comme Berman ne peuvent que se sentir floués. »

Un journaliste appelé David Talbot travaillait épisodiquement pour *Mother Jones* à l'époque. Quand Moore a été licencié et s'est installé sur Union Square, Talbot est d'abord allé écouter Moore et a adopté sa version des faits. Puis il s'est renseigné auprès des divers autres employés du magazine. « Soutenir en quoi que ce soit la position de Moore m'est apparu intenable », a-t-il ajouté.

Talbot est devenu un peu plus tard le directeur éditorial du magazine en ligne *Salon*. Moore a eu la trajectoire que chacun sait. En 1997, soit plus de dix ans après, *Salon* publie une enquête accablante sur Moore.

Moore pourrait répondre concernant les faits évoqués. Il a toute latitude pour cela : *Salon* lui ouvre ses colonnes. Ce n'est pas ce qu'il fait. Il choisit, plutôt, d'attaquer Talbot, déclare que celui-ci serait aigri, forcément aigri, d'avoir vu la rédaction en chef de *Mother Jones* lui échapper au profit de Moore onze années auparavant. En publiant dans *Salon* ce qu'il y publie, Talbot, en somme, ne sert pas la vérité, mais règle de vieux comptes. *Salon* comptant parmi ses annonceurs l'une des grandes chaînes américaines de librairies, Borders, Moore accuse de surcroît Talbot de se conduire en suppôt d'une « firme capitaliste » avec laquelle Moore est alors en conflit.

« Moore a toujours eu l'art de répondre à côté de la question qui lui est posée, surtout quand la question le dérange », dit Talbot.

Moore n'a jamais dit que les multiples témoins de ce que je pourrais appeler l'« affaire *Mother Jones* » mentaient. Il s'en est bien gardé. Il s'est contenté de cracher sur leurs témoignages, ce qui est plus rapide, et plus expéditif.

Même si David Talbot est devenu rédacteur en chef de *Salon*, c'est vrai, qu'est-ce qu'être rédacteur en chef de *Salon* à côté d'être devenu Michael Moore ?

Même si Paul Berman est devenu l'une des références intellectuelles et morales de la gauche américaine, qu'est-ce, là encore, qu'être une référence intellectuelle et morale de la gauche américaine à côté d'être Michael Moore ?

Qui pourrait s'opposer à quelqu'un qui, comme disait Sam Riddle, veut que « ça avance, par tous les moyens nécessaires » ?

Surtout que tout le monde à l'époque savait ce que cela signifiait : par tous les moyens nécessaires. *By any means necessary.*

Sam Riddle est l'un des très rares Noirs à avoir travaillé avec Moore, et en tant que Noir d'extrême gauche, il est mieux placé que nombre d'autres pour connaître la signification de l'expression. Elle constituait l'un des slogans du Black Panther Party, au temps de son existence brève, violente, sanguinaire, parsemée de meurtres.

Moore ne tue pas, me direz-vous. Non, bien sûr, Moore ne tue pas.

Ce n'est pas pour autant la mort qui l'arrête.

Lisez ce qui suit...

2. *Roger, le capitalisme et moi*, ou comment faire fortune avec le malheur des autres

Qu'est-ce qu'on fait lorsqu'on vient de se mettre à dos une bonne partie des intellectuels et des journalistes de gauche du pays, et qu'on vient d'extorquer 58 000 dollars à une association à but non lucratif ? On peut difficilement essayer de se faire embaucher dans un autre titre de presse. Embaucher Moore est un luxe coûteux que personne ne semble vouloir se permettre. Et même si un propriétaire de journal atteint d'une crise de masochisme suicidaire avait envisagé de prendre ce genre de décision, il se serait instantanément retrouvé seul dans des bureaux soudain désertés. « Après ce qui s'est passé chez nous, aucun journaliste n'aurait voulu travailler dans une rédaction où Michael Moore aurait été présent », déclare une collaboratrice de *Mother Jones*. Fini la presse écrite, donc, sauf à mener l'aventure en solitaire. Michael Moore ne peut même pas envisager de rester à San Francisco. Dans une ville de gauche où *Mother Jones* est une institution, on parle encore du « comportement de connard » de Michael Moore, pour citer l'expression employée par un des gérants de la Citylights Bookstore, la plus célèbre librairie de « contre-culture » de la côte Ouest.

Alors, il traverse le pays, semble se dire qu'il peut se reconvertir dans le lobbying du côté de Washington, DC, la capitale fédérale. Il prend contact avec

Ralph Nader, qu'il avait croisé quelquefois au temps de *The Flint Voice*. Nader, qui ne semble pas être très informé de ce qui s'est passé à San Francisco, mais qui paraît méfiant, accepte, sans se lier ni signer de contrat, de parrainer une publication rédigée intégralement par Moore lui-même qui s'appellerait *Moore's Weekly*, et qui traiterait des médias en général. Le projet avortera très vite. « Il ne faisait quasiment rien », dira Nader. « Il était jaloux de moi », répondra Moore. Que ceux qui verraient une bonne raison pour laquelle Ralph Nader, activiste très connu depuis les années soixante, auteur de plusieurs best-sellers, omniprésent sur les plateaux de télévision, aurait pu, en 1986, être jaloux de Michael Moore, adhèrent à la thèse de ce dernier ! Pour ce qui me concerne, et sans avoir de sympathie particulière pour Nader, je serais enclin à dire que lorsqu'il s'agit de rigueur dans le travail et d'assiduité, le passé de Moore ne plaide pas exactement en sa faveur, mais passons.

Moore quitte vite Washington et retourne à Flint. Il veut faire quelque chose, mais quoi ? De la radio ou de la télévision ? Aucune porte ne s'ouvrirait à lui. Son expérience à San Francisco ne peut être portée à son crédit, son bref recyclage dans le lobbying à Washington, non plus. Alors ? Retourner à Davison et y couler des jours paisibles en profitant de l'argent qui dort sur son compte en banque ? Ce n'est pas le style de Moore, cela ne correspond pas à son tempérament. Et puis, non seulement Davison incarne l'Amérique qu'il fait profession d'exécrer, mais Davison n'a pas une grande sympathie pour Moore.

Je parlais de mort un peu plus haut, et, à Davison, les activités de Moore ont, indirectement, fait un mort. Moore était très jeune. Il achevait ses années de lycée. Il s'était fait une réputation de braillard indiscipliné. Il parvint à se faire élire au conseil scolaire de l'établissement qu'il fréquentait avec un seul programme : « Virer le directeur ». Sitôt élu, le programme fut appliqué, et le directeur fut effectivement viré. Quelques mois plus tard, on devait le retrouver chez lui. Victime d'un arrêt cardiaque inexpliqué. Ses voisins dirent qu'il ne supportait pas le déshonneur et l'injustice, et qu'il était devenu dépressif. Moore avait-il des griefs particuliers contre cet homme ? Non. Il lui est même arrivé d'en parler avec une sorte d'affection mélancolique. « J'ai bien connu ce gars, a déclaré Moore ; quand j'avais huit ans, il me laissait patiner et jouer au hockey sur la petite mare qui était derrière sa maison. Il était gentil et généreux. Il laissait sa porte ouverte de façon que moi et mes amis, après nous être amusés, puissions nous changer à l'intérieur et nous réchauffer. Plusieurs années plus tard, on m'a proposé de jouer de la basse dans un orchestre, et je n'avais pas de guitare basse. Il m'a prêté celle de son fils. » Quelques années plus tard encore, Moore montrera ce qu'il fait de la gentillesse et de la générosité qu'on lui prodigue. « Mike a toujours détesté et méprisé quiconque incarnait l'autorité, disait Sam Riddle. Cela pouvait le conduire à être un peu excessif. » Juste un peu, en effet.

Tous les lycées américains ont un *hall of fame*, un lieu où l'on rend hommage aux anciens élèves devenus célèbres plus tard. Moore n'est pas dans le *hall of fame* du lycée de Davison. Il n'y sera très probablement jamais. Il est des actes qui ne s'oublient pas. Davison n'a pas de sympathie pour Moore, non.

Flint aujourd'hui, dans la grande majorité de sa population, n'a pas non plus de sympathie pour Moore, mais en 1986-1987, ce n'était pas encore le cas. Moore n'avait pas très bonne réputation, mais il avait des amis ou, pour être plus exact, des gens qu'il connaissait. Un petit milieu de gauche plus ou moins extrême, quelques syndicalistes. Un dénommé Mike Westfall, dirigeant syndical, avait le projet d'un documentaire consacré à la General Motors et à ses pratiques. Il avait dans la tête une idée soufflée par Ralph Nader : personnaliser le documentaire, le centrer non pas sur une entreprise capitaliste, mais sur un entrepreneur. Il pensait que recourir à l'humour et à la dérision rendrait le projet plus attachant. Ce n'était qu'un projet, mais comme Moore avait de l'argent, il pouvait lui donner une forme concrète.

Westfall confia ses papiers à Moore. Des centaines de pages. Moore engagea un cameraman et commença à filmer. Grâce à Westfall, il put entrer en contact avec Roger Smith, P-DG de l'entreprise. Il le rencontra : dans des réunions d'actionnaires ou lors de débats et de négociations. Moore bénéficia de la coopération des services municipaux de Flint. Il fut invité à des fêtes de charité. Des personnalités de la ville acceptèrent de lui parler.

Ni Westfall ni aucun autre des interlocuteurs de Moore ne savaient ce qu'il imaginait, ou quel film il avait en tête. Moore leur semblait aimable, humain, ouvert, sympathique. Il les poussait aux confidences. Il les faisait parler, parler encore. C'est tellement agréable une conversation avec quelqu'un d'aussi gentil que Moore. Aucun d'eux ne pouvait songer que, derrière le masque de la gentillesse, il y avait la cruauté, le cynisme, la méchanceté, l'hypocrisie, la fausse compassion. Ceux qui auraient pu les avertir n'étaient pas à Flint. Ils étaient à Detroit, par exemple, au siège de la General Motors, où Moore pénétrait comme un rustre et se conduisait comme l'importun qui vient sans rendez-vous, tout en prétendant de façon mensongère avoir pris un rendez-vous de longue date. Ils étaient dans un club où Moore, filmé par un acolyte, venait parler aux employés sur un ton grossier, arrogant et dépourvu de la politesse la plus élémentaire, tout en feignant de s'étonner de voir monter l'irritation chez ses interlocuteurs.

Lorsque le film fut achevé, Moore s'essaya à le vendre à une des grandes sociétés de distribution de films aux États-Unis. Il y parvint grâce au soutien de Roger Ebert, journaliste influent. Il toucha trois millions de dollars. Le commencement de la fortune. Les gens de Miramax voyaient dans *Roger et moi* une opportunité commerciale. Et leur calcul s'est révélé payant. Le film peut être amusant à certains moments, révoltant à d'autres, abject quelquefois. C'est du spectacle mal dégrossi, mais du bon spectacle néanmoins.

Moore sait se mettre en scène, se donner le beau rôle. Il sait retenir la phrase ridicule qui, sortie de son contexte, fera passer celui qui la prononce pour un salaud ou un crétin. Il sait pratiquer un manichéisme digne de celui en usage dans le cinéma de propagande soviétique du temps de Joseph Staline. Et je suis sûr que Moore a visionné les œuvres complètes de Serge Eisenstein et de Dziga Vertov pour s'en inspirer. J'oserai même dire que Moore restera celui qui a introduit le manichéisme soviétique dans le documentaire américain. Dès lors que les films d'Eisenstein ne circulent plus que dans un milieu restreint de cinéphiles avertis et que ceux de Vertov sont devenus quasiment introuvables, Moore pourra même apparaître à ceux dont la culture cinématographique s'arrête aux films grand public projetés à la télévision aux heures de grande écoute comme un novateur.

Roger et moi fut un succès. Il ne fut pas projeté à Flint. Il n'y sera sans doute pas projeté avant longtemps. Tout incite à penser que Moore ne retournera pas à Flint en héros. L'auteur d'un forfait a parfois la tentation de retourner sur les lieux de son crime, mais il ne le fait que s'il pense que c'est sans risques, et pour Moore, chercher à retourner à Flint en héros ne serait sans aucun doute pas sans risques, tout au contraire.

Quasiment tous les habitants de Flint qui apparaissent dans le film ne peuvent sembler au spectateur relever que de trois catégories : les débiles mentaux, les salauds et les victimes. Les débiles mentaux, ce sont ceux qui participent à des distractions populaires et qui sont montrés comme riant de façon niaise pendant que la ville s'écroule autour d'eux. Les salauds, ce sont ceux qui s'amusent dans le luxe pendant que d'autres crèvent à quelques kilomètres de là, ceux aussi qui parlent d'esprit d'entreprise au milieu des décombres. Les victimes, ce sont ceux qui se font licencier, expulser de leur logement, jeter en prison. Sous le regard de Moore, une victime peut, à l'évidence, être aussi un débile mental et *vice versa.* Les salauds sont très souvent aussi des débiles. Ils peuvent aussi être des victimes, car une victime débile peut en venir à se conduire comme un salaud.

Le tableau d'ensemble est clair, en tout cas. Il y a eu un âge d'or à Flint, l'époque de l'industrie florissante qui fut aussi celle des grandes heures du syndicalisme et de la lutte des classes. Et puis il y a eu l'heure de la décadence, et c'est celle que Moore montre.

Les usines ferment. Les commerces aussi. Les ouvriers se retrouvent au chômage ou condamnés à l'univers de fast-food, de la vente à domicile ou de l'élevage de lapins dans des conditions cruelles et insalubres. Ils viennent encore applaudir comme des imbéciles un défilé de majorettes ou se promener dans un centre commercial créé en dépit du bon sens, mais, c'est clair, dit Moore, ils finiront à la rue, leurs meubles jetés sur le trottoir. Ils seront condamnés à vendre leur sang, littéralement, à des boutiques vampires. Les bourgeois, eux, jouent au golf, se livrent à des fêtes extravagantes, totalement indifférents au malheur des autres. Les puissants, à l'abri dans leurs bureaux climatisés, échafaudent des projets coûteux et stupides qui finiront par un dépôt de bilan. Derrière cette grande valse des pantins, il y a le capitalisme international, qui, après avoir exploité les ouvriers américains, part exploiter de misérables Mexicains au sud de la frontière pour moins de un dollar l'heure. Comme le dit la phrase consacrée qu'utilise Moore en fin de film, « les riches deviennent de plus en plus riches et les pauvres deviennent de plus en plus pauvres ».

Si Moore avait été scrupuleux, s'il avait eu le moindre amour ou ne serait-ce que le moindre respect pour la ville de Flint et pour sa population, il aurait pu réellement se pencher sur ce qui se passe dans une ville où des usines ferment et où il faut songer au passage à d'autres activités économiques. Il aurait pu s'intéresser autrement que d'un œil ironique à la reconversion des anciens ouvriers. Il aurait pu tenter de comprendre pourquoi la municipalité de Flint a voulu tenter de miser sur le tourisme, l'organisation de conventions d'entreprises et le secteur des services. Le film aurait été moins désopilant, bien sûr. Il aurait été moins lucratif. Le discours de Moore aurait pu être plus humain, plus pertinent et moins simpliste s'il avait expliqué la logique d'ensemble d'un groupe comme General Motors, confronté à la concurrence de firmes automobiles asiatiques, et devant répondre, sous peine de déposer le bilan et de licencier l'intégralité du personnel. Parfois, il faut délocaliser, restructurer ou se résigner à la faillite définitive. Mais dire cela aurait été moins hilarant et moins générateur de liquide au box-office.

« Ceux qui sont allés voir *Roger et moi* aux États-Unis ne sont pas les gens les plus concernés : des ouvriers touchés de plein fouet par les reconversions ou des petites gens susceptibles de s'identifier aux ouvriers. Ni ceux qui sont partis de Flint pour aller recommencer leur vie dans un endroit plus ensoleillé, en Floride ou au Texas », m'a dit David Horowitz, un ami écrivain et politologue. « Ce sont des gens de grandes villes universitaires, imprégnés d'un élitisme de gauche. Ce sont aussi des étudiants et des adolescents attirés par le simplisme sommaire des discours anticapitalistes pour slogans de cafétéria. Lorsqu'on regarde le film, on se retrouve avec une explication simple, tellement simple qu'on pourrait la croire sortie d'une adaptation de Marx en bande dessinée : les capitalistes vivent dans le luxe et méprisent les ouvriers, et les ouvriers sont condamnés à une misère croissante ; tous ceux qui disent du bien du capitalisme et de l'Amérique, terre du capitalisme, sont des vendus que les capitalistes ont achetés. Il n'y a là-dedans qu'un seul personnage vraiment intègre, le révolutionnaire professionnel, Michael Moore. Moore se met en scène comme celui qui ne respecte rien ni personne, car il n'y a rien ni personne à respecter dans tout cela. Il n'a pas de compassion pour les miséreux. Il les voit comme des complices du système, puisqu'ils ne se révoltent pas et n'adoptent pas un discours révolutionnaire à la Michael Moore. Il offre au spectateur la possibilité de se sentir supérieur, de se dire que, grâce à Moore, il a tout compris, strictement tout. Et c'est là l'une des clés du succès du film : il permet au premier spectateur venu de se penser supérieur à ceux qu'il voit sur l'écran, tellement supérieur. »

Le film touche aux États-Unis une gauche élitiste, une gauche adolescente adepte des tracts de cafétéria, une gauche caviar façon Hollywood, qui, sans admettre Moore comme l'un des siens, pourra, grâce à lui, se dire qu'elle se penche sur les « oubliés du rêve américain ».

Le film trouve un public dans le reste du monde. Tous ceux qui, dans les pays en développement, rêvent de voir l'Amérique humiliée peuvent se dire en regardant le film que l'Amérique, effectivement, ce n'est pas grand-chose : un ramassis de crétins menés comme des marionnettes par quelques ploutocrates bouffis de dollars. En Europe, ceux pour qui l'Amérique incarne le capitalisme et qui trépignent en pensant que son statut de première puissance du monde est illégitime ont la joie intense de retrouver dans le film tous les stéréotypes qui les ont conduits à la détester, à la traîner dans la boue, à la vomir. Les aigris et les militants obsédés par ce qu'ils appellent « l'impérialisme américain » ; les intellectuels plus ou moins factices, mais certains de leur immense intelligence (des millions de gens, en somme), peuvent même se dire qu'ils tiennent *le* film qui montre enfin que la « première puissance du monde » n'a vraiment aucun titre à prétendre l'être, qu'elle constitue un grand décor de carton-pâte qui va s'effondrer et qu'elle n'a pas un grand avenir. Comment un pays peuplé de cons, dirigé économiquement et politiquement par des cons appartenant seulement à une autre catégorie de cons, nés avec une cuiller d'argent dans la bouche et un club de golf en or massif dans la main, pourrait-il continuer à dominer le monde ?

Quelques critiques cinématographiques américains vont subodorer très vite qu'il y a là quelque chose de frelaté. Pauline Kael, dans le *New Yorker,* écrira qu'elle s'est « sentie avilie » d'avoir regardé ce qu'elle appellera « un morceau de démagogie populiste ». Elle reconnaîtra avoir ri, parfois, mais ne pas en être fière. Moore répondra par le mépris et parlera de l'humeur bilieuse d'une « femme vieillissante écrivant ses derniers articles ».

Se penchant de plus près sur divers faits relatés dans le film, Harlan Jacobson, journaliste à *Film Comment*, découvrira que Moore a une propension assez nette à falsifier les dates, à intervertir l'ordre dans lequel des événements se sont produits, à placer des faits dans un contexte où ils n'ont rien à faire pour la simple raison qu'ils se sont produits dans un autre contexte. Lors d'une interview, il fera énoncer par Moore lui-même les dates exactes, les contextes précis. Moore révélera ainsi qu'il n'a pas fait d'erreurs, mais qu'il a pratiqué sciemment une distorsion de la réalité. Il ne comprendra que plus tard que Jacobson lui a tendu un piège et l'a fait passer aux aveux en lui posant des questions en apparence innocentes. Quand on ment, quand on enchevêtre les mensonges, on finit par se perdre soi-même dans l'enchevêtrement qu'on a créé.

Lorsque Moore comprendra, le mal aura été fait. Il pourra seulement parer au plus pressé, s'efforcer de limiter les dégâts. Il s'en prendra à *Film Comment* en disant que c'est une revue « vendue » à la General Motors. « Ce n'est pas vraiment un documentaire », dira-t-il en outre. « C'est un film de distraction, juste un film de distraction. » Peu de commentateurs poursuivront l'investigation. Aucun ne dira explicitement que décrire comme « film de distraction » ce qui a l'apparence d'un documentaire et ce qui a été présenté initialement comme un documentaire est pour le moins étrange, voire davantage qu'étrange. La réputation de Moore sera écornée, mais le nombre de ceux qui verront un intérêt idéologique à ce que les thèses propagées par Moore continuent à l'être sera plus important que le nombre de ceux qui lui tourneront le dos.

« L'une des bases du léninisme est de rappeler sans cesse que la fin justifie les moyens », m'a dit encore David Horowitz. « Moore, qu'il sache ou non ce qu'il fait, est un praticien du léninisme : pour lui la fin justifie les moyens, et il n'est pas regardant sur les moyens. Toute la gauche américaine séduite par Moore n'a pas voulu crier trop fort à l'imposture.

Chez ces gens, on fait aisément front commun face à l'ennemi, et quand Moore a déclaré, pour se défendre, qu'il était victime d'une grande conspiration réactionnaire, ils n'ont pas voulu que Moore puisse les désigner comme des alliés de la conspiration. Ils ont choisi leur camp, tout en sachant à quoi s'en tenir. »

En dehors des États-Unis, nul écho ne sera donné à ce que Jacobson aura mis au jour, ou alors de manière très marginale. Comment les Européens auraient-ils pu, de façon générale, ne pas adorer ce que Moore leur montrait ? Comment n'auraient-ils pas pu apprécier de voir un Américain méprisant autant qu'eux les États-Unis et les Américains ? Comment n'auraient-ils pas pu s'enthousiasmer devant un film dont la logique sommaire ressemblait tellement à celle que développe la gauche européenne depuis des années ? Qu'importe la coupe pourvu qu'on ait l'ivresse, dit une vieille expression, et la coupe offerte par Moore était si séduisante, l'ivresse était si tentante ! Elle venait tellement s'inscrire dans le prolongement d'une ivresse si répandue déjà !

Moore a perdu la quasi-totalité de ses amis de jeunesse, a provoqué le dégoût d'une majeure partie de la population de Flint, la colère de ceux qui lui ont fait confiance. Mais, outre des millions de dollars, il a gagné une notoriété planétaire. Comme il le dit lui-même dans *Roger et moi* : « J'ai compris très vite que je n'étais pas fait pour travailler à la chaîne... Mes héros ont toujours été ceux qui ont réussi à quitter Flint. » Michael Moore a réussi à quitter la ville en profitant du malheur des habitants de Flint. C'est une façon peu élégante de quitter Flint, mais c'est une façon de la quitter, nul ne peut le contester. Il est parvenu à se présenter comme un défenseur des misérables tout en se moquant ouvertement d'eux, ce qui, je le reconnais, est une prouesse qui a peu de précédents. Il est venu s'asseoir à la table des gens riches et célèbres en étalant son mépris grossier vis-à-vis de gens riches et célèbres. Comment aurait-il pu ne pas céder à l'autosatisfaction ? Comment aurait-il pu ne pas en venir à céder à une certaine mégalomanie ?

Dans *Roger et moi*, la mégalomanie n'est pas encore là. Au moment du tournage, Moore n'était pas encore parvenu à ses fins. Ce qui est clair déjà, néanmoins, est l'égocentrisme. *Roger et moi* est, en effet, un film centré sur Moore lui-même, et Moore y figure à l'écran bien davantage que Roger Smith, qui joue finalement là un rôle secondaire.

Roger et moi, c'est Moore en train de parler de lui et de dire aux spectateurs : regardez comme je suis courageux, voyez comme je suis compassionnel, remarquez à quel point je suis subtil et intelligent, admirez comme je nargue les puissants.

Roger et moi, cela pourrait être aussi : voyez comme je sais reconstruire l'histoire, vous manipuler, vous inciter à croire n'importe quoi ; je suis un grand hypnotiseur.

N'ayant pas cédé à l'hypnose, je me contenterai ici de rétablir un peu de vérité. Pas toute la vérité, non. Je ne puis transformer ce livre en catalogue des malhonnêtetés commises par Moore dans *Roger et moi* sans prendre le risque de le transformer en un dictionnaire en plusieurs volumes, et ce qui vaut pour *Roger et moi* vaut pour les autres films de Moore, pour ses livres aussi.

Je dirai simplement que, dès les premières minutes, Moore ment délibérément. Parler de *Mother Jones* comme d'un « magazine à scandale » constitue une insulte envers tous ceux qui font vivre ce magazine : c'est comme si, en France, on disait que le *Nouvel Observateur* est un magazine comparable à *Voici*. Dire que *Mother Jones* appartient à un « milliardaire » revient à faire vraiment peu de cas de l'association à but non lucratif propriétaire du magazine. Dire que *Mother Jones* s'est séparé de Moore parce qu'il avait « mis un ouvrier en couverture » constitue un travestissement des faits. Et quand Moore dit que le « milliardaire » lui a « payé » son « retour » chez lui, cela montre que Moore surévalue très largement le prix des moyens de transport aux États-Unis. Nul ne peut croire que son trajet retour ait coûté 58 000 dollars. Même si Moore s'était rendu en taxi de San Francisco à Flint, et même s'il avait fait étape dans des palaces et dîné dans les meilleurs restaurants tout au long du parcours, même s'il avait mangé comme un boulimique, il n'aurait pu dépenser cette somme. D'ailleurs, il ne l'a pas dépensée, et l'a utilisée pour produire son film.

Passé les premières minutes, les mensonges continuent. La construction d'un hôtel de luxe et celle d'un parc d'attractions consacré au thème de l'automobile ont lieu *avant* la fermeture des usines de la General Motors à Flint, et non *après*. Des tentatives (infructueuses) d'anticiper des mutations industrielles se trouvent ainsi présentées comme des velléités tardives (et ridicules) d'y répondre. Les expulsions des personnes apparaissent liées à la fermeture des usines. Pourtant, aucune des personnes expulsées n'a jamais travaillé à la General Motors, et les autres personnes concernées étaient confrontées à des problèmes (drogue, alcool, violence) qui relèvent de la vie triste de tous ceux qui sont en situation d'échec et de déchéance sur la planète, mais en aucun cas de fermetures d'usines. Deux fêtes présentées dans le film comme emblématiques de l'inconscience égoïste des riches dans un contexte de désastre économique sont l'inverse exact de ce qui est montré : elles étaient destinées à la levée de fonds pour aider les plus démunis. La première, centrée sur le thème de *Gatsby le magnifique*, était motivée par la volonté d'attirer de nouveaux investisseurs à Flint. L'un d'eux, interviewé par Moore à la « fête Gatsby », était d'ailleurs un homme que Moore connaissait bien et qui lui faisait confiance : un avocat nommé Larry Stecco.

Stecco est un homme bien connu à Flint, un défenseur de toutes les causes sociales. Il participait à la fête pour s'assurer qu'un maximum de fonds allaient rentrer. Il comptait attirer des investisseurs. Moore ne retiendra de ses propos, pour le film, que des phrases destinées à le présenter comme un homme riche, vivant dans le luxe, et indifférent au malheur des autres. Stecco ne pardonnera jamais à Moore. Il l'attaquera en justice pour diffamation et tromperie, et il gagnera.

On voit, dans *Roger et moi*, Ronald Reagan venir à Flint parler des valeurs du travail et de l'esprit d'entreprise, et l'on oublie de dire que la visite de Reagan s'est effectuée en 1980, pendant la campagne présidentielle, et non en 1986, au moment où Moore la situe. Cela ne fait qu'une « erreur » de six années, je sais...

On voit Robert Schuller, célèbre prêcheur californien, et ses propos sont présentés comme extrêmement peu adéquats pour aider les ouvriers licenciés. Le seul problème est que Schuller s'est rendu à Flint en 1982. Soit quatre années avant 1986. Schuller ne parlait pas à des gens qui venaient de se faire licencier, mais à des gens qui travaillaient, dans une ville qui n'avait pas encore été frappée par les fermetures d'usines. Comme Reagan, Schuller peut, à bon compte, être présenté comme *out of touch*, déconnecté de la réalité. D'autant plus déconnecté que ses propos de 1982 ne s'appliquent effectivement pas à la réalité de 1986 ! Si on ne peut pas tricher avec les dates, comment faire un « film de distraction », n'est-ce pas ?

On voit, bien sûr, Michael Moore « essayer » de rencontrer Roger Smith et de lui parler, mais Moore « oublie » de dire qu'il a parlé à Smith avant et pendant la réalisation du film. Il ne montre cette « impossibilité » de rencontrer Smith que dans des circonstances où rencontrer Smith est effectivement impossible. Soit parce que Moore vient délibérément au mauvais moment et sans le moindre rendez-vous, comme au siège de la GM. Soit parce que Moore « cherche » Smith à un endroit où il est sûr de ne pas le trouver : un club nautique du Michigan, le yacht-club de Grosse Pointe, où Smith ne s'est jamais rendu de toute sa vie, un club privé dont Smith n'a jamais été membre, un palace new-yorkais où Smith n'a jamais séjourné.

Si vous voulez être sûr de ne pas rencontrer quelqu'un, cherchez-le là où il n'est pas et ne va jamais : vous pouvez compter sur le résultat, à moins d'un gros coup de malchance. Moore s'est donné les moyens d'être sûr de ne pas rencontrer Smith là où il le cherchait. Il s'est aussi gardé de dire qu'il avait rencontré Smith, plusieurs fois, là où il savait pouvoir le trouver.

Si Moore avait été scrupuleux, et s'il avait eu le moindre amour ou le moindre respect pour la ville de Flint et pour sa population, il aurait pu se pencher sur ce qui se passe dans une ville où des usines ferment et où il faut songer à la reconversion. Il aurait pu en parler à Roger Smith ou à d'autres dirigeants de la General Motors, adopter une attitude constructive.

Mais Moore n'est pas scrupuleux. C'est même le contraire absolu de quelqu'un de scrupuleux. Il n'a pas d'amour pour Flint et sa population, pas de respect, rien que du mépris. Il ne s'intéresse pas aux êtres humains confrontés à la reconversion. Il n'entend pas adopter une attitude constructive et contribuer concrètement à permettre à ceux qui sont tombés de se redresser. Des êtres humains qui ne se reconvertissent pas, qui ne se redressent pas, qui tombent dans la détresse et le désespoir, c'est tellement plus spectaculaire pour faire un film que des êtres humains qui se reconvertissent, se redressent et réussissent leur vie. Moore a besoin de victimes, de déchus, de tarés. Il en a besoin pour montrer que, tout en sachant que ce sont des victimes, des déchus, des tarés, lui, Michael Moore, dans son immense magnanimité, s'intéresse quand même à eux.

Michael Moore fait tout son possible pour trouver des gens sans éthique, sans bonté, revenus à la bestialité, et il les montre alors de manière obscène dans toute leur bestialité, sans chercher à leur tendre la main en quoi que ce soit. Passant le long d'une rue où une femme vendait des lapins sous l'inscription « Pets or meat », animaux de compagnie ou viande à manger, il n'a pas pu ne pas s'arrêter. Il a pris un plaisir visible à pousser cette femme à parler des lapins avec affection, en les caressant, puis immédiatement après à tuer à coups de gourdin l'un des lapins qu'elle venait de caresser, avant de l'écorcher à demi vif et de le vider de ses entrailles à mains nues. Moore adore ce genre de scène et de personnage. Il s'en délecte.

Michael Moore ne veut pas être montré comme quelqu'un qui parle ou a parlé à Roger Smith : si on le voyait en conversation avec Roger Smith, cela ruinerait sa carrière. Moore se met en scène comme quelqu'un à qui Roger Smith ne « veut pas » parler. Même si cela n'aide personne d'autre, cela aide Moore, grandement. C'est bien plus payant, pour lui, au box-office.

Et Moore n'a pas fini de s'aider lui-même.

C'est un simple commencement...

3. L'horrible vérité

1990. Moore a trente-six ans. Avec un seul film, il est entré dans la catégorie des millionnaires en dollars et s'est trouvé propulsé au rang de star mondiale et de champion planétaire de l'anticapitalisme. Il est même probable qu'il aurait eu un Oscar si les techniques douteuses de fabrication de *Roger et moi* n'avaient fini par le faire sortir, avec fracas, de la catégorie « documentaire ».

Moore est riche et célèbre, mais il n'a pas, c'est le moins qu'on puisse dire, bonne réputation. Aux États-Unis surtout. Il traîne autour de lui un halo de traîtrise et de mensonge. À Flint, certains de ceux qu'il a utilisés pour faire *Roger et moi* ont fini par comprendre que le papier qu'il leur avait fait signer sur un coin de table était une « décharge » : un droit absolu d'utiliser leur image de la façon qu'il jugerait bonne. Pour obtenir la signature, Moore glissait cent dollars au signataire. L'un d'eux, Fred Ross, le shérif adjoint qu'on voit procéder à des expulsions dans le film, estimant que non seulement Moore utilise son image, mais le fait en ajoutant des éléments et commentaires destinés à induire le public en erreur, décidera de suivre le même chemin que Larry Stecco, celui du tribunal. Il obtiendra le paiement de dommages-intérêts.

Moore peut moins que jamais se retourner vers la presse écrite, car l'« affaire » *Mother Jones* n'appartient pas du tout au passé. Il semble un peu « carbonisé ». Peut-il faire un autre film ? Ce n'est pas sûr, dans l'immédiat. Alors...

Moore changera d'abord de vie. Il s'installera loin du Michigan, et achètera un luxueux appartement dans l'un des quartiers les plus recherchés et les plus chers de Manhattan, l'Upper West Side. Lorsqu'on a réussi en se moquant des pauvres, on ne va tout de même pas continuer à vivre à leur proximité ! On peut décider de ne plus les fréquenter qu'à doses très homéopathiques, sous l'œil d'une caméra, de préférence. Et puis, venir habiter au milieu de ceux qu'on a traités de crapules et traînés dans la boue, cela peut constituer une façon de narguer ses nouveaux voisins.

Moore cultivera aussi son personnage. Il sera désormais, toujours et partout, il y tient, *le* gauchiste obèse et malpoli qui s'habille avec un jean froissé, un vieux blouson, une chemise à carreaux et une casquette de base-ball. Il sera le prolo professionnel qui voyage en première classe et dort dans des palaces, mais dont l'hôtesse de l'air se demandera toujours s'il ne va pas salir son siège et importuner celui qui est assis sur le siège voisin, celui dont le directeur d'hôtel se demandera s'il ne va pas se moucher dans les rideaux. Il sera celui qu'on ne peut pas inviter dans une soirée sans craindre un esclandre ou un comportement douteux. Il sera l'énorme auguste d'un cirque communiste dont l'arène sera partout où il passe.

Il comprendra, ce faisant, que le personnage compte au moins autant que le contenu, dans le monde contemporain, et il se dotera ainsi d'un public restreint mais relativement stable, d'une base solide sur laquelle il s'appuiera par la suite. Un « noyau dur » où se retrouvent, en gros et en détail, tous ceux, adolescents ou non, Américains ou non, qui ont globalement envie de dire « merde au système » et qui n'osent pas ou n'en ont pas la possibilité, tous ceux qui pensent que « tout est pourri », tous ceux qui aiment le sarcasme, l'amertume et les théories du complot.

Pour que le personnage prenne vraiment et que le noyau dur acquière consistance et solidité, Moore promènera son personnage sur les cinq continents pour accompagner la diffusion planétaire de *Roger et moi.*

Quand le filon *Roger et moi* commencera à s'épuiser, il s'efforcera de l'utiliser, comme tel, une toute dernière fois, sous la forme d'un court métrage documentaire d'une vingtaine de minutes destiné à la télévision, *Pets or meat : the return to Flint.* Mais, bien qu'il revienne à la tueuse de lapins à laquelle le titre fait allusion (désormais, elle s'est diversifiée et estourbit des rats et des souris en plus des lapins), il s'efforcera, cette fois, d'être moins ironique, de se donner l'image de celui qui éprouve une réelle « compassion » pour les pauvres. Si on peut avoir fait fortune grâce au mépris affiché envers les pauvres, on ne peut pas construire une carrière là-dessus.

Moore connaîtra ensuite une période erratique, un « moment creux ». Moins de succès que d'échecs.

Il se tournera vers la télévision, tout d'abord. Il

proposera une émission située à l'intersection de l'enquête et de la satire, appelée *TV Nation*. Il obtiendra un contrat avec la chaîne NBC, en 1994.

L'émission durera neuf épisodes, puis s'interrompra, faute d'audience.

Il proposera l'émission, une seconde fois, quelques mois plus tard, en 1995, sous le même titre mais dans un format remanié, à une autre grande chaîne, la Fox.

L'émission ne durera cette fois que huit épisodes avant de disparaître. Pour la même raison : audience insuffisante.

Moore reviendra vers la télévision bien plus tard, en 1999-2000, sur une petite chaîne du câble (Bravo TV), pour une émission du même format général que *TV Nation : The Awful Truth* (l'horrible vérité). L'expérience, plus confidentielle, durera, cette fois, presque deux ans avant de s'interrompre encore.

Entre-temps, six années pleines après *Roger and Me*, Moore sera retourné au cinéma et se sera essayé à la fiction en réalisant en 1995 un nouveau film. Mais celui-ci sera si médiocre et si hâtif que ses producteurs le diffuseront de manière tout à fait confidentielle, comprenant un peu tard que Moore ne peut faire de la fiction que quand celle-ci a l'apparence d'un documentaire.

Le film en question, *Canadian Bacon*, sera un désastre financier absolu, bien que, pour sauver ce qu'il était possible de sauver, celui-ci ait été mis en vente, un peu plus tard, sous forme de vidéocassettes et de DVD.

Le film restera très vraisemblablement le seul film de fiction de toute la carrière de Michael Moore, classé officiellement dans la catégorie fiction. J'imagine que s'il voulait rencontrer un responsable de studio à Hollywood en lui disant qu'il a un scénario génial, il recevrait un accueil semblable à celui qu'il reçoit lorsqu'il entre agressivement et sans y avoir été invité dans le hall d'entrée d'une des multinationales qu'il déteste tant.

Confronté aux très piètres résultats de ses tentatives télévisuelles et de son incursion dans le cinéma de fiction, Moore retourne alors à l'écriture, décroche un contrat mirifique de Random House, l'une des grandes maisons d'édition américaines, et publie en 1996 un livre, *Downsize This* (« Dégraissez-moi ça »), dont la sortie est accompagnée d'une tournée de conférences et de séances de dédicaces. Moore se fait accompagner dans la tournée par une équipe de tournage, ce qui lui permet de réaliser un film à sa propre gloire, *The Big One*, sorti en salle en 1998. Le livre se vend bien. Le film, bien qu'accueilli de manière mitigée par la critique, eut un nombre de spectateurs très correct.

Lorsque s'achèvera, sans renouvellement de contrat, la seconde saison de *The Awful Truth*, Moore pourrait sembler à bout de souffle, à bout d'idées, en fin de parcours ou presque. Usé.

« Tendre des embuscades à des chefs d'entreprise devient répétitif et ne constitue plus une nouveauté », écrira Janet Maslin dans le pourtant très « politiquement correct » *New York Times*. Un autre journaliste parlera d'« effets très usés » et ajoutera que « montrer des chefs d'entreprise égoïstes et ne pensant qu'à licencier leurs salariés, s'en prendre sans cesse à la mondialisation, dire qu'elle crée de la misère aux États-Unis » devient lassant à la longue. D'autant plus que « le nombre d'emplois s'est fortement accru sur le territoire américain pendant les années 1990-2000 », et que « le salaire moyen n'a cessé de s'élever ».

Et c'est un fait : en regardant les films de Moore, on peut effectivement avoir l'impression, vite démentie si l'on observe un tant soit peu les faits, que les pauvres et les miséreux se multiplient un peu partout aux États-Unis. La prospérité se serait envolée ; une crise économique profonde s'installerait et ne surnageront bientôt, entre New York et Los Angeles, que des quartiers fermés pour milliardaires au milieu d'un océan de taudis et de sans-abri.

C'est un fait que le contraste entre la réalité économique américaine et la vision de Moore devient si grand que les journalistes de gauche eux-mêmes pointent du doigt ce qui ressemble à la répétition excessive et absurde d'un thème unique et de moins en moins fondé.

« La dénonciation de salauds capitalistes obsédés par le désir de détruire des emplois tourne à l'obsession chez Moore », notera l'un d'eux. Un autre dira que Moore fait de l'« autopromotion obscène » en s'intéressant seulement à ses propres fantasmes.

Christopher Null écrira dans Filmcritic.com : « Moore se montre très régulièrement en train d'avaler de la nourriture de fast-food tout en dénonçant les chaînes de fast-food. Il s'installe dans un avion en classe affaires tout en écoutant d'un air compatissant le personnel de bord lui parler de la dureté de ses conditions de travail. Il circule dans un aéroport à bord d'un véhicule électrique tout en dénonçant les gens qui circulent dans les aéroports en train de se faire transporter par un véhicule électrique... Ce qui peut à la rigueur le sauver est qu'il doit savoir lui-même qu'il est ridicule. »

C'est cette lassitude vis-à-vis de Moore et cette usure qui avaient rapidement condamné *TV Nation*. Ce qui permit à *The Awful Truth* de durer plus longtemps, c'est qu'il s'agissait d'un programme diffusé sur une chaîne câblée à moindre audience et qui impliquait, pour être rentabilisé, un auditoire moins important que celui d'une grande chaîne nationale. Et au fond...

La terrible vérité, la seule, la vraie, c'est qu'en regardant ces programmes, on se trouve *très rapidement en territoire connu*, sans la moindre surprise ni la moindre découverte. S'il y a un entrepreneur, ce sera toujours, partout, quel qu'il soit et où qu'il soit, un être profondément égoïste, maléfique, menteur, brutal. S'il y a un salarié, ce sera un salarié dont on parle uniquement parce qu'il vient de se retrouver au chômage ou qu'il mène « durement » la lutte des classes en prenant des risques pour sa survie. Les habitants de l'Amérique profonde qui intéressent Moore sont membres du Ku

Klux Klan et fans de Hitler, puritains crachant leur bile envers les homosexuels et souhaitant qu'ils meurent tous du sida, éleveurs de poulets en batterie jetant leurs déchets dans des décharges sauvages qui empuantissent des contrées entières. S'ils sont religieux, ils sont psychorigides ou atteints du « syndrome de Jérusalem », une maladie qui, dit Moore, conduit vite au délire mystique le plus niais. On peut y trouver de l'humour si l'on considère désopilant d'acheter un véhicule, de le peindre en rose, de le baptiser « sodomobile », de l'orner de panneaux où il est écrit « Baisez-vous les uns les autres », d'y faire monter une vingtaine de travestis et d'homosexuels en porte-jarretelles, de le parquer à la sortie d'une église, et de déclarer « Enculez-vous » sous l'œil de la caméra et de ceux qui sortent de l'office. On peut y trouver de la générosité, une fois et une seule, puisque Moore montre un homme atteint d'une maladie mortelle, qu'une greffe pourrait sauver, mais dont l'assurance refuse de prendre en charge la greffe. Le scandale provoqué par Moore incitera l'assurance à changer de position : Moore a sauvé une vie, une, je le constate.

L'horrible vérité est que, si Moore a sauvé une vie, il en a conduit de nombreuses autres vers le naufrage et l'égarement : entre autres, en vantant comme une « liberté » la promiscuité sexuelle gay à partenaires multiples à une époque où cette pratique conduisait encore des milliers de gens vers l'hôpital, puis la morgue.

L'horrible vérité est aussi, dans ce contexte, que *ce*

qui a irréparablement ruiné l'unique passage de Moore par la fiction s'assumant comme fiction a été le simplisme, l'absence d'imagination, un mépris trop visible et trop flagrant envers le peuple américain pour que les millions de ceux qui le composent puissent faire autre chose que détourner les yeux avec dégoût ; « Il y a eu des films ratés sur la politique américaine », a noté William F. Powers dans le *Washington Post*, « aucun n'a atteint ou même approché le crétinisme répugnant de *Canadian Bacon.* »

Imaginez : un président des États-Unis en chute libre dans les sondages et ne disposant plus d'ennemi susceptible de servir de bouc émissaire depuis la disparition de l'Union soviétique cherche un pays susceptible de servir d'ennemi de substitution, ce qui lui permettra d'apparaître comme un chef de guerre et de relancer la très rapace et crapuleuse industrie de l'armement. Le pays choisi est le Canada (pourquoi le Canada ? Ce n'est pas dit, bien sûr). Un matraquage de propagande par toutes les chaînes de télévision du pays (on voit des images chocs où du sirop d'érable venu du Nord dégouline sur le Midwest), et la population en vient, par une sorte de réflexe pavlovien, à détester les Canadiens et à se persuader qu'ils veulent détruire les États-Unis. On distribue des armes gratuitement, et comme les Américains adorent les armes et la guerre, on fait la queue devant les magasins sur la devanture desquelles on a écrit : « Distribution gratuite d'armes ». Le shérif débile et gras d'une ville frontalière mène une incursion avec quelques acolytes et se retrouve dans un pays paisible, où l'air est pur, tellement pur, alors que de l'autre côté, aux États-Unis, les usines qui n'ont pas encore fermé à cause des délocalisations rejettent une fumée âcre.

Imaginez aussi, pour peu que vous le puissiez : Moore reste persuadé que *Canadian Bacon* n'a pas eu la sortie en salle qu'il méritait en raison d'une immense conspiration. La société de production du film a, selon Moore, décidé de l'« empêcher de trouver son public ». Pourquoi ? Parce qu'elle est une filiale de Philips, entreprise qui, dit Moore, fabrique de l'armement. Quiconque connaît les activités de Philips serait bien en peine de trouver, parmi celles-ci, quoi que ce soit qui ait un rapport avec la fabrication d'armes, mais qu'importe à Moore, et que lui importe aussi le fait que la société concernée a commencé par donner tout le financement nécessaire pour payer un film dont le scénario était connu au moment du déblocage des fonds ? De toute façon, Moore a *la preuve indiscutable* : l'une des préprojections du film a été organisée à Simi Valley en Californie du sud. Le public de Simi Valley, a détesté le film, ce qui, assène Moore, est « normal : « C'est à Simi Valley qu'on a construit la Reagan Library », la librairie présidentielle de Ronald Reagan. Poussez un peu Moore dans ses retranchements, et il vous dira que c'est la faute de Reagan si *Canadian Bacon* n'a trouvé que deux cent mille spectateurs sur trois cents millions d'Américains, et encore, par l'intermédiaire d'un magnétoscope ou d'un lecteur de DVD. Ce Reagan ! Encore lui !

Même à la retraite et rongé par la maladie d'Alzheimer, il a réussi à nuire à Michael Moore !

L'horrible vérité qui commençait à filtrer en 2000, c'est que Moore traitait très mal les collaborateurs de ses émissions et se conduisait comme un patron très désagréable, brutal, cassant, systématiquement hostile aux activités syndicales dont, pourtant, il n'a cessé officiellement de se faire le chantre. « Si vous vouliez réunir tous ceux qui ont eu à se plaindre du comportement abject de Moore lorsqu'ils étaient ses employés, vous auriez de quoi remplir un stade entier », a déclaré l'un d'entre eux. « Nous étions payés bien en dessous des tarifs conventionnels et certains d'entre nous n'ont jamais reçu leur salaire, ou très en retard, et quand nous nous plaignions, Moore disait que nous pouvions partir nous faire embaucher ailleurs », a noté un second, qui ajoute : « Moore n'élevait pas la voix ; si quelqu'un protestait ou le contredisait, il le mettait à la porte, et l'on ne le revoyait jamais. »

Moore semblait en bout de course au commencement des années 2000. Le personnage qu'il s'était construit ne faisait plus vraiment recette. « Cela sentait décidément trop l'arnaque et le dogmatisme », m'a dit, voici quelques mois, un admirateur new-yorkais de Moore déçu par celui-ci. Le « noyau dur » commençait à s'effriter.

Plusieurs événements se sont alors produits : Moore saura les utiliser, malaxer, réécrire, défigurer, distordre. Avec moins de scrupules et moins de respect pour la réalité que jamais. Avec moins de scrupules et de respect pour la réalité que n'importe quel autre cinéaste depuis le temps d'Adolf Hitler et de Joseph Staline.

Ces événements furent le massacre du lycée de Columbine, l'élection de George Walker Bush à la Maison-Blanche et, quelques mois plus tard, les attentats du 11 septembre.

C'est l'exploitation cynique et, selon les mots de David Horowitz, « presque crapuleuse » que Moore fera de ces événements, qui lui permettra de sortir de l'ornière où il s'enlisait et lui offrira l'occasion de passer du statut de star à demi déchue à celui de véritable icône absolue du gauchisme moderne, et de phénomène de mode.

Sans Moore, l'idée que les États-Unis soient un pays essentiellement violent, barbare, gangrené par les tueries serait une idée présente dans des millions de têtes. Elle est, *de facto*, aussi ancienne que l'ensemble des stéréotypes plus ou moins bancals qui composent l'anti-américanisme le plus myope. À cause de Moore, cette idée s'est trouvée ravivée, démultipliée, disséminée avec une intensité qui a connu peu de précédents.

Sans Moore, la détestation absolue de George Bush, sa description comme un débile malfaisant auraient circulé quand même. Je ne pense pas qu'elles auraient atteint ce degré de frénésie. Je ne pense pas que certains propos, qui relèveraient du racisme s'ils s'étaient appliqués à d'autres qu'aux Américains, auraient été tenus : le fait que ce qui ressemblait à un racisme crasseux et honteux émane d'un Américain « de gauche » a libéré une certaine parole et lui a donné les excuses qui lui manquaient pour pouvoir être tenue.

Sans Moore, l'assimilation de Bush à une sorte de Hitler des temps modernes, voire de Hitler en pire, qui a circulé ici ou là, n'aurait pas pu circuler aussi aisément et de manière aussi vaste, aussi « respectable » en apparence. Sans lui, tout un ensemble de livres et de films que je considère concrètement comme des *sous-produits de « l'effet Moore »* n'auraient pas vu le jour ou n'auraient pas eu l'audience qu'ils ont eue. Je pense à des documentaires tel *Le Monde selon Bush* de William Karel ou à *La Guerre des Bush* d'Éric Laurent.

Sans lui, la perception de la portée et de la signification des attentats du 11 septembre 2001 n'aurait pas subi autant de perversions ou de distorsions malfaisantes et maléfiques. Des entreprises comme celles de Thierry Meyssan seraient restées des lubies marginales pour adepte obscur, onaniste et crétinisant des *Protocoles des sages de Sion*.

Sans lui, la menace islamiste serait perçue davantage comme ce qu'elle est à ce jour. Le regard porté sur la guerre contre le régime de Saddam Hussein et sur al-Qaida aurait été différent.

Nombre de ceux qui, en Europe, prennent les produits signés Michael Moore et diffusés depuis l'an 2000 comme vecteurs d'information sont victimes d'intoxication mentale en phase presque terminale. Je disais en commençant ce livre que Moore n'avait pas le talent de Leni Riefenstahl. C'est exact. Mais Moore a, selon des modes différents et en une époque et un contexte différents, la même *capacité de nuisance*, voire une capacité de nuisance plus préoccupante et plus destructrice encore.

Il me faut passer maintenant au cœur malade de la monstruosité. Et je le dis ici, en cet instant : quoi qu'ait fait, quoi qu'ait dit, quoi qu'ait montré Moore avant 2000, cela n'était que peccadille infime et minuscule à côté de ce qui suivra.

Des signes avant-coureurs se laissaient percevoir, dans lesquels on pouvait voir les symptômes du grand mal avant qu'il ne se déclare : l'animal atteint de rage se montrait fébrile, de la bave aux commissures des babines.

Moore, ainsi, banalisait déjà le terrorisme dans *Downsize This* et dans *The Big One*. Dans le livre, deux photos sont superposées : celle du bâtiment d'Oklahoma City détruit par l'explosion organisée par Tim McVeight, et celle d'une usine en voie de démolition du côté de Detroit. Dans un cas, dit Moore, on parle de terrorisme parce qu'un criminel a posé une bombe, démoli un bâtiment et tué des dizaines de gens. Dans l'autre, on ne parle pas de terrorisme. Pourtant, on démolit un bâtiment à l'explosif et on chasse des milliers de gens dont certains mourront de misère et de suicide. Dans le film, Moore fait un commentaire plus explicite dans le cadre de l'émission de radio de Studs Terkel à Chicago. « À mes yeux », dit-il, « c'est celui qui fait détruire l'usine et chasse les ouvriers, le vrai terroriste. Il a davantage de morts et de misère sur la conscience. »

En parlant des images de mise à mort d'un lapin, qu'on lui avait reproché d'avoir filmé et montré *in extenso*, jusqu'à l'obscénité, Moore s'est déclaré « choqué » de voir des gens s'horrifier du sort du lapin, mais n'être pas « scandalisés », un peu plus tôt dans *Roger and Me*, de voir un Noir armé, en train de tirer sur la foule et qui menace de recommencer, finir abattu par la police. Le Noir en train de tirer sur la foule est fondamentalement innocent aux yeux de Moore parce que c'est une « victime de l'oppression ». Ceux sur qui il tire sont blancs, donc fondamentalement coupables. Ceux que le tireur noir aurait tués ou blessés auraient subi une sorte d'« acte de justice ». Le policier qui abat le tireur noir montre que celui-ci est bien victime de l'oppression. Le lapin ne risquait de blesser ou de tuer personne, mais il n'avait pas le statut de victime. Il ne subissait pas l'« oppression ». Pour Moore, tuer cruellement un animal n'est pas cruel. Abattre un criminel est, en revanche, très cruel.

Des signes avant-coureurs ne sont que des signes avant-coureurs jusqu'au moment où le grand mal se fait jour.

Lisez ce qui suit.

4. Le second massacre de Columbine

Les faits sont connus. Le 20 avril 1999, deux lycéens en fin d'études pénètrent dans le lycée de Columbine, banlieue de Denver, Colorado. Ils ont des armes automatiques et des bombes artisanales. Ils déclenchent un massacre qui va faire treize morts, plus de vingt blessés, et qui va s'achever par leur propre suicide. Ils s'appellent Eric Harris et Dylan Klebold. Ils viennent de familles de la classe moyenne, apparemment sans histoire. Leurs camarades rescapés diront que rien, dans le comportement des deux meurtriers, n'indiquait qu'ils étaient dangereux et susceptibles de commettre une telle atrocité. L'enquête menée par les journalistes et par la police mettra assez rapidement au jour tout un ensemble de faits. Eric et Dylan avaient des antécédents psychiatriques et avaient reçu l'injonction de se soigner. Ils étaient censés faire l'objet d'un suivi médical. Dylan prenait des antidépresseurs et, après avoir déclaré à son médecin traitant qu'il était sujet à des désirs meurtriers et autodestructeurs sous l'effet d'un médicament, le Zoloft, il s'en était vu prescrire un second qui, semble-t-il, lui convenait mieux. Un peu plus de un an avant le massacre, ils avaient l'un et l'autre été pris en flagrant délit de vol de matériel informatique stocké à l'intérieur d'une camionnette de livraison. Ils s'en étaient tirés en faisant des excuses au propriétaire et en montrant du repentir. Ils se sont procuré les armes qui ont servi au massacre de manière illicite, en les achetant au marché noir pour certaines, ou, pour d'autres, en soudoyant quelqu'un qui leur a servi de prête-nom. Et les personnes concernées ont été retrouvées et condamnées à des peines de prison. Surtout, Eric et Dylan tenaient un journal et avaient créé un blog sur Internet, hébergé par AOL. La lecture de ce qu'ils ont laissé par écrit, sur le papier ou sous forme électronique, a permis de déchiffrer une trajectoire terrible. Le massacre était prémédité de longue date. Il était censé être bien plus meurtrier qu'il n'a été en réalité. Le plan initial prévoyait qu'une explosion aurait d'abord lieu à l'extérieur du lycée de façon à mobiliser ailleurs les forces de secours et de sécurité, et que des bombes souffleraient le bâtiment hébergeant la cantine et la bibliothèque du lycée à l'heure de la plus grande affluence, ce qui aurait pu faire de cinq cents à six cents victimes. Dans la panique, les survivants étaient censés partir en tous sens. Eric et Dylan auraient alors pu tirer sur ceux qui s'offraient à leurs armes et poursuivre la tuerie dans les rues de la ville. C'est parce que l'explosion initiale n'a pas produit l'effet escompté et parce que les bombes placées dans le bâtiment ont été défectueuses qu'Eric et Dylan ont changé leur projet. Et ils ont décidé de tirer en pénétrant dans les bâtiments. Ils ont eu presque une heure devant eux. À midi, ils étaient morts, d'une balle tirée par eux dans leur propre tête. Si le nombre de victimes a été relativement faible, c'est qu'ils semblaient prendre un plaisir sadique à tuer, blessant leur victime, la regardant pleurer, supplier, avant de lui donner le coup de grâce. Des témoins les ont même entendus échanger quelques mots : « Cela devient moins amusant de tuer avec des armes à feu : si on commençait à tuer au couteau ? »

Eric et Dylan semblaient détester l'espèce humaine tout entière, mépriser tous ceux qui les entouraient. Leurs références oscillaient entre Adolf Hitler et Timothy McVeight, l'auteur de l'attentat d'Oklahoma City. Ils espéraient faire bien mieux que McVeight et réaliser le plus grand carnage jamais commis sur le territoire américain, voire sur la planète. « Leur haine ne faisait pas de distinctions entre les races, les religions, les activités pratiquées », dira un enquêteur. Selon des psychologues qui étudieront leur cas *a posteriori*, Eric était la tête pensante, l'instigateur et pouvait être décrit comme un psychopathe au sens clinique du terme : quelqu'un qui ne délire pas, qui ne fantasme pas, qui n'a pas de troubles particuliers de la personnalité, et qui est simplement égocentrique, en quête de la satisfaction de son propre plaisir meurtrier, sans le moindre sentiment ou la moindre compassion. « Un psychopathe peut découper quelqu'un au couteau de boucher et entendre les hurlements sans éprouver la moindre émotion », dira l'un des experts. Dylan sera décrit comme essentiellement dépressif, mû par la haine de soi et entraîné par Eric vers la haine des autres.

L'ensemble aurait pu conduire à pointer une suite d'erreurs, une surveillance insuffisante de deux individus engagés dans un engrenage morbide. Il aurait été possible de s'interroger sur le suivi psychiatrique. L'affaire aurait pu se résumer de façon effroyablement lapidaire : deux adolescents détraqués ont réussi à tromper leur entourage et leurs médecins, à se procurer des armes de manière illégale, à fabriquer des explosifs et à commettre un acte barbare que rien n'excuse. De nombreuses autres pistes n'en seront pas moins suivies par les médias : Eric et Dylan étaient adeptes de jeux vidéo. Ont-ils été influencés par les jeux vidéo ? Sont-ce les jeux vidéo qui ont pu les conduire vers cette indifférence à la vie d'êtres de chair et de sang ? Eric et Dylan portaient des trench-coats : étaient-ils membres d'une société secrète, la « mafia des trench-coats » ? Étaient-ils solitaires ? Leurs camarades de classe étaient-ils gentils avec eux ? Les lobbies opposés au port d'arme se sont rapidement mêlés au débat. C'est évident, ont-ils dit : il faut interdire le port et la vente d'armes. Il faut abroger le second amendement à la Constitution des États-Unis, qui autorise le port d'arme. Ceux qui rappelèrent qu'Eric et Dylan s'étaient procuré leurs armes hors des voies légales, que la législation en vigueur n'était, par conséquent, pas concernée, et que le commerce d'armes clandestin auquel Eric et Dylan avaient eu recours existe aussi dans les pays où le port et la vente d'armes sont illégaux, n'ont guère été écoutés. Le traumatisme était puissant et avait pris une ampleur sans précédent. Un débat national et une forme d'examen de conscience collectif étaient en cours.

Moore vit assez vite qu'il y avait là, pour lui, un

terreau fertile. Le massacre de Columbine lui servit de prétexte. Il lui permit aussi de donner un titre à son film. Eric et Dylan, quelques heures avant de commencer à tuer, étaient allés jouer au bowling, un sport très américain. Comment peut-on jouer au bowling avant d'aller tuer ? Pourrait-on trouver une meilleure preuve de l'indifférence à la vie ? Pourrait-on trouver quelque chose de plus américain ? À une heure donnée, on abat des quilles avec une boule. Un peu plus tard, on abat des êtres humains avec des balles. On abat si facilement, aux États-Unis, et c'est si banal.

Plutôt que se centrer sur le massacre, Moore part de celui-ci et de son impact pour procéder à une incrimination générale des États-Unis, définis comme un pays essentiellement violent où l'on risque bien davantage de mourir sous les balles d'un assassin que n'importe où ailleurs à la surface de la terre. Il trace ainsi le portrait d'une société malade, pathologique, pathogène. Pour cela, il sélectionne soigneusement les témoins : James Nichols, le frère de Terry Nichols, le complice de Timothy McVeight dans l'attentat d'Oklahoma City, des victimes directes de la tuerie de Columbine, des parents de victimes, des membres d'une milice, des adolescents désœuvrés tentés par la violence, un universitaire très à gauche de Los Angeles appelé Barry Glasner, un procureur très politiquement correct, et, pour faire contraste, des Canadiens, bien évidemment.

Moore arrache aussi un entretien à Charlton Heston, président de la National Rifle Association, le principal mouvement de défense du droit de porter des armes aux États-Unis. Il rencontre un porte-parole du principal employeur de Littleton, Colorado, la société Lockeed Martin, qui fabrique des satellites et des missiles pour l'armée américaine, mais aussi pour des sociétés de communication et de météorologie. Il se rend au siège de la société de supermarchés K Mart en y adoptant son comportement habituel : venir sans être invité et sans prendre rendez-vous, harceler le personnel d'accueil, envahir le hall jusqu'à ce que des responsables viennent tenter de débloquer la situation sans qu'il soit nécessaire de faire appel aux forces de police. Et il vient au siège de K Mart avec deux rescapés de Columbine chargés de jouer le rôle d'« agents de culpabilisation ». Si K Mart avait fait évacuer le hall par la force, c'eût donné des images dont Moore aurait fait usage, sans aucun doute. K Mart se montrant violent vis-à-vis d'un estropié et d'un paralytique !

Moore mêle, comme dans ses films précédents, les extraits d'entretiens et les témoignages soigneusement montés et tronqués, à des images extraites de l'actualité, des extraits de journaux télévisés, des photos d'archives. Le personnage central est, comme dans *Roger and Me* ou *The Big One*, Michael Moore lui-même, ou plus exactement le personnage de Michael Moore : l'incarnation du courage, de l'intégrité, de la justice sociale. Les thèses gauchistes sont toujours là dans tout leur simplisme, mais, contexte émotionnel aidant, il semble qu'on les remarqua moins.

Bowling for Columbine est bien reçu par la critique américaine, même si des réserves se font sentir. « Dans l'ensemble, Moore nous donne à penser », note Andrew Sarris dans le *New York Observer*. « Tout ce qui nous incite à découvrir pourquoi nous sommes ce que nous sommes, même aussi imparfaitement que *Bowling for Columbine*, est bienvenu », écrit Kenneth Turan dans le *Los Angeles Times*, mais ajoute néanmoins : « En décrivant les États-Unis comme un pays de crétins armés jusqu'aux dents, le film trouvera sans aucun doute un auditoire bienveillant en Europe. » Seul Desson Howe, dans le *Washington Post*, va plus loin, jusqu'à dire que « Moore se tire une balle dans le pied ».

Kenneth Turan l'avait prévu : l'accueil critique et médiatique en Europe est triomphal, comme la sortie du film en salle. Projeté à Cannes, le film obtient le Prix spécial du jury. Le voile n'étant pas encore levé sur les multiples supercheries de Moore, le film se voit aussi récompensé par ce qui avait été refusé à *Roger et moi :* un Oscar à Hollywood, dans la catégorie documentaire. « Si *Bowling for Columbine* est un documentaire, c'est que je suis un Blanc anglo-saxon protestant », profère le commentateur noir Larry Elder, dans l'une de ses émissions radiophoniques. Ce dernier décide par la suite de réaliser lui-même un documentaire contre Moore. Les réserves de la presse américaine sur le film de Moore restent absentes des médias européens. « Une merveille d'humour cinglant », lit-on dans *Ciné-live*. « Une critique acerbe, dévastatrice », est-il noté dans un autre magazine.

Des gens outrés et très en colère créent alors des sites destinés à débusquer les mensonges présents dans le film. Des articles paraissent sur le sujet. Il est indéniable, et cela doit être dit, que *Bowling for Columbine* n'est pas un documentaire, mais tout l'inverse de ce que doit être un documentaire. Ce n'est pas une « enquête », mais tout le contraire de ce que doit être une enquête.

Un documentaire se doit de décrire une réalité, quitte à le faire sous un certain angle ou d'un certain point de vue. Moore prélève des fragments de la réalité pour les broyer aussitôt sous le rouleau compresseur de ses idées préconçues et des dogmes dont il est prisonnier. Une enquête doit être un travail d'investigation destiné à rechercher aussi précisément que possible des éléments vérifiables concernant une situation. Moore ne fait pas d'investigation, mais recherche tout ce qui pourrait être bizarre, monstrueux, aberrant, grotesque, voire abject, quand bien même il ne s'agirait que d'éléments épiphénoménaux ; il sélectionne les données en rejetant l'immense majorité de celles-ci dès lors qu'elles ne correspondent pas à ses idées préconçues. Il détourne les rares données qu'il conserve au service d'une occultation de ce qui pourrait correspondre à la vérité la plus élémentaire.

Tout est faux ou bien tout est faussé dans *Bowling for Columbine*. Tout repose sur une vague thèse préalable et vient ancrer cette thèse dans la tête de quiconque n'est pas vigilant. Tout est fait pour procéder à l'amalgame grossier et à la confusion.

Cela commence dès les premières images : « C'était un matin comme les autres en Amérique », dit le commentaire. « L'agriculteur allait aux champs. Le laitier faisait ses livraisons. Le Président décidait de bombarder un autre pays au nom impossible à prononcer. » Les illustrations accompagnent les propos. Un agriculteur et un laitier insouciants, et, à l'autre bout du monde, des ruines nées d'un bombardement américain sans rime ni raison, décidé par quelqu'un qui ne connaît même pas la géographie. Sous-entendu : les Américains vivent bien chez eux, mais ils tuent et détruisent ailleurs sur la planète, et ils sont dirigés par des criminels. Le ton est donné. Moore se montre allant ouvrir un compte dans une banque (North Country) qui propose de donner une arme gratuite à celui qui fera son premier dépôt. Il se fait filmer sortant de la banque, un fusil à la main, après avoir simplement signé quelques feuilles de papier. Il « oublie » de dire qu'il biaise très nettement : si la banque en question fait effectivement ce genre de propositions, *un délai de six semaines est nécessaire entre le moment où l'on remplit les formalités et celui où l'arme est effectivement remise à celui qui ouvre un compte.* Tout antécédent psychiatrique ou judiciaire débouchera sur un refus de délivrance de l'arme. Par ailleurs, Moore ne peut avoir ouvert lui-même un compte dans cette banque dans les conditions où il déclare l'avoir fait. Il est à l'époque résident de l'État de New York ; or ce compte n'est disponible qu'aux gens qui, non seulement n'ont pas d'antécédents psychiatriques et judiciaires, mais qui sont aussi résidents permanents du Michigan depuis au moins six mois.

Le film passe ensuite à un mélange accéléré de publicités pour fusils en plastique destinés aux enfants, d'extraits de fictions violentes, de propos du comique Chris Rock proposant ironiquement de faire passer les balles de fusil à un prix prohibitif de façon qu'on les utilise avec parcimonie, un entretien avec de jeunes marginaux obsédés par les armes et les explosifs, une rencontre avec des membres d'une milice. L'ensemble veut visiblement montrer que les Américains sont conditionnés dès le plus jeune âge à devenir des obsédés de la violence, prêts à tirer sur tout ce qui bouge. Mais le pire est à venir. Après des propos sur la nécessité de régler les conflits, autant que possible, par la diplomatie, viennent des images et des mots destinés à montrer que les États-Unis ont été impliqués dans quasiment toutes les guerres et tous les meurtres de masse au cours des cinquante dernières années. Les faits ne sont jamais décrits et sont remplacés par des formules lapidaires dont un étudiant trotskiste rédigeant un tract pour inciter à l'émeute ne voudrait même pas. Le shah d'Iran et l'émir du Koweit sont qualifiés de « dictateurs », tandis que Saddam Hussein paraît être un président respectable. La guerre du Vietnam est résumée en quelques mots : « 1963-75 : l'armée américaine tue deux millions de gens en Asie du Sud-Est ». Le mot de guerre n'est pas prononcé. Aucune armée ne fait face à l'armée américaine, le

Viêt-cong n'existe pas, le conflit entre Nord Vietnam et Sud Vietnam non plus, totalitarisme et communisme ont disparu de l'équation, tout comme la tragédie ultérieure subie par les *boat people* ou les Cambodgiens sous Pol Pot. Pourquoi l'armée américaine était-elle en Asie du Sud-Est ? Simple plaisir de massacrer de braves paysans en train de planter du riz, cela va de soi. Tels sont les militaires américains : programmés pour tuer, laisser des charniers derrière eux, s'acharner sur de braves gens doux et pacifiques. Moore ne va pas jusqu'à dire que les militaires américains morts au combat sont d'infects salauds qui n'ont eu que ce qu'ils méritaient partout où l'armée américaine est passée, mais les images et les mots laissent comprendre qu'il le pense. Quant à la lutte des Afghans et de leurs alliés contre l'occupation soviétique, Moore montre clairement qu'il est du côté des envahisseurs soviétiques en notant avec dégoût que les États-Unis ont « formé Ben Laden et ses amis terroristes pour tuer des Soviétiques ». Il peut ainsi attribuer la responsabilité des attentats de 2001 à qui elle échoit selon lui : « Ben Laden utilise l'entraînement reçu de la CIA. » Il serait vain d'expliquer à Moore que la situation dans les années 1980 pouvait expliquer et justifier qu'on aide la résistance afghane, que l'islamisme des années 1990 s'est développé essentiellement après la chute de l'Union soviétique, et que les gens de la CIA seraient extrêmement surpris si on leur disait qu'ils ont formé qui que ce soit au détournement d'avion et aux attaques de masse contre des civils innocents. Pour Moore, tout, partout, toujours est la faute de ces criminels d'Américains. Tout, y compris les attentats du 11 septembre. Non seulement, avec leur manie du meurtre génocidaire, les Américains l'avaient bien cherché, sans doute, mais ils avaient formé les criminels. Comment ne pas avoir pensé à cette explication plus tôt ?

Moore souligne que la tuerie de Columbine a eu lieu pendant la guerre du Kosovo et qu'elle est survenue le jour même du « bombardement le plus meurtrier contre la Serbie ». « Le 20 avril 1999, l'armée américaine tue des dizaines de gens innocents par des bombardements ciblant des hôpitaux et des écoles », dit Moore. Comment, dès lors que l'armée du pays pratique la tuerie à répétition, des adolescents ne pourraient-ils pas en venir à se dire que faire de même, ce n'est pas si grave, suggère Moore. Et puis, ne pourra manquer de se dire le spectateur, qu'est-ce que la vie d'une douzaine de lycéens si l'on songe aux millions « tués par les États-Unis » sur les cinq continents, année après année ?

Moore ne dit pas un mot concernant Slobodan Milošević et les exactions qui l'ont conduit à se trouver accusé d'épuration ethnique et de crime contre l'humanité. Pour Moore, c'est une évidence : même quelqu'un qui se trouve accusé des pires crimes ne peut être tout à fait mauvais, dès lors qu'il n'est pas porteur de la tare qui désigne les seuls, les uniques, les authentiques criminels, ceux qui portent un uniforme américain ou qui occupent la Maison-Blanche. On se prend presque à regretter que Moore ne soit pas né plus tôt. Dans les années 1940, il aurait trouvé beaucoup de criminels non américains à excuser et beaucoup de criminels américains à insulter. Il aurait pu commencer par ceux qui ont eu l'ignominie de s'en prendre aux gentils nazis et dont la pensée, nationale-socialiste, n'était pas très éloignée de celle du très excusable Milošević et des non moins charmants Radko Mladić et Radovan Karadzić qui, eux non plus, c'est incontestable, ne sont pas américains.

Le spectateur manquera d'autant moins de se dire que la vie d'une douzaine de lycéens pèse peu face aux millions de « tués par les États-Unis ». Moore a souligné un peu plus tôt dans le film que Littleton, Colorado a pour entreprise principale Lockeed Martin. « Le principal fabricant d'armes des États-Unis », dit-il, juste avant de demander à un représentant de l'entreprise si le fait que « leurs pères ou les pères de leurs amis travaillent dans une entreprise qui fait des missiles » ne peut pas donner à des adolescents des idées de meurtre. Le représentant de l'entreprise dit ne pas comprendre la question et ajoute que les missiles fabriqués, en général, par Lockeed Martin « servent à la défense du pays, et pas à l'agression ». Il ne sait visiblement pas que, pour Moore, l'armée américaine est toujours en position d'agression, inextinguiblement assoiffée de sang. Il n'a pas compris que Moore veut *faire croire* que Lockeed Martin fabrique des missiles à Littleton. Et le spectateur, lui, ne sera, bien sûr, pas informé que Lockeed Martin à Littleton fabrique seulement des satellites et des fusées destinées à la mise en orbite de satellites, et non des missiles. Entre le respect des faits et le dogme asséné dans l'irrespect des faits, Moore a choisi. Cela lui permettra de laisser penser au spectateur que c'est pour cacher des armes monstrueuses et pour préserver un secret honteux que l'entreprise achemine sa production par des convois traversant la ville « en pleine nuit », « pendant que les enfants dorment ». Moore sait qu'il n'y a pas d'armes monstrueuses, et il sait aussi qu'un convoi exceptionnel gêne moins la circulation la nuit que le jour, mais il ne dira pas qu'il sait.

Pour ceux qui auraient besoin d'un cours accéléré de rattrapage sur l'histoire des États-Unis, Moore insère dans le film un bref dessin animé. Des Puritains sont minoritaires en Europe. Ils ont peur. Ils fuient par bateaux vers l'Amérique du Nord où ils se retrouvent face à des Indiens doux et gentils. Ils ont peur encore. Ils exterminent les Indiens. Comme ils ont peur des Anglais, ils les tuent et les chassent, déclarent leur indépendance, promulguent le droit de porter des armes pour se protéger de ceux qui pourraient leur faire peur. Comme ils sont paresseux, ils vont kidnapper des Noirs en Afrique et les font travailler à leur place, et c'est en exploitant les Noirs qu'ils deviennent un peuple riche. Les Noirs se révoltent et les Blancs ont peur, alors ils fuient les villes et s'installent dans les banlieues en se barricadant derrière des murs de protection et en se bardant d'armes par millions. Même le plus abruti des marxistes européens n'aurait pas osé ce degré de simplisme et d'indigence mentale. Moore ose, lui. Et ce faisant, il fait passer en quelques secondes comme des évidences indiscutables des effets de propagande grossiers. Les Américains ont pratiqué un génocide contre les Indiens : cela signifierait que le gouvernement américain a organisé, planifié la destruction systématique et méthodique d'un peuple. Outre qu'il n'y avait pas « un peuple indien », mais des dizaines de tribus qui se faisaient la guerre entre elles, on serait bien en peine de trouver le moindre ordre gouvernemental américain allant dans ce sens, mais je ne doute pas que Moore dirait que l'absence de preuve constitue la preuve même. « La vérité, c'est le mensonge », écrivait Orwell... Suite du dessin animé. « Les Américains ont massacré des Anglais » : ils étaient anglais eux-mêmes, au départ, et ils ont subi de lourdes pertes pendant la guerre d'Indépendance, appelée aussi « révolution américaine », mais ils étaient, selon Moore, du mauvais côté, cela va de soi, puisqu'ils allaient fonder ce pays infiniment pourri appelé les États-Unis d'Amérique. Un membre de l'armée anglaise de l'époque qui tuait un futur Américain prenait, si l'on suit le point de vue de Moore, une mesure salvatrice pour l'humanité. Un futur Américain qui ripostait et tirait sur un Anglais était un monstre par essence puisqu'il allait devenir Américain. Les Américains ont « créé le trafic d'esclaves » : c'est unanimement reconnu bien sûr, il n'y avait pas d'esclaves aux Antilles, dans le monde arabe ou en Afrique subsaharienne, et les gens qui vivaient de la traite négrière en battant pavillon français, anglais, espagnol ou portugais étaient en fait d'infects Américains qui avaient poussé la perfidie jusqu'à se faire passer pour des Européens. Les Américains, dit Moore, ont « fait leur prospérité » grâce aux esclaves : à partir du moment où l'esclavage se pratiquait dans le Sud avant la guerre de Sécession, et que l'essentiel de l'industrie naissante aux États-Unis se situait à l'époque au Nord où il n'y avait pas d'esclaves, on se demande comment tournaient les usines du Nord. Les ouvriers et employés des grands trusts qui verront le jour ultérieurement n'étaient que très minoritairement des Noirs : à suivre le raisonnement de Moore, ce n'en étaient pas moins des « paresseux » exploitant le travail des Noirs. Au temps où il tournait *Roger et moi*, Moore n'allait pas jusqu'à porter de telles accusations contre les ouvriers de Flint. Les Américains blancs, poursuit Moore, ont ensuite abandonné le centre des villes aux Noirs pour partir en banlieue se barricader. Éperdu dans son élan vers le manichéisme, Moore n'a pas remarqué que la réalité est bien plus diverse. Certains, Blancs ou Noirs, ont choisi d'habiter des maisons de banlieue parce qu'ils en avaient les moyens financiers. D'autres, plus pauvres, ou vivant d'assistances sociales, sont restés dans les villes et ce ne sont pas tous des Noirs. Moore ne le sait pas, bien sûr : il connaît les centres villes pauvres par ouï-dire. Il ne connaît les quartiers où habite la classe moyenne que par ouï-dire aussi, ou le temps de tourner quelques images malveillantes. Aucun historien n'oserait écrire des phrases aussi indigentes que celles que Moore écrit, de peur d'être définitivement discrédité, mais, avec ce qui pourrait faire déconsidérer un historien, Moore, lui, fait rire, sans se discréditer. Le très inepte cours de rattrapage offert par Moore lui donne, qui plus est, les « explications » qui lui manquaient.

Pourquoi sommes-nous ce que nous sommes ? demande alors Moore. Parce que nous sommes américains, répond-il en voix off. Parce que « nous, Américains » titubons de peur en peur, de meurtre paranoïaque en meurtre paranoïde. Pour illustrer son propos, Moore utilise une nouvelle rafale d'images qui, mises bout à bout, ont pour objet de montrer qu'effectivement les Américains ont peur de tout, des pommes golden aux insectes, des régimes minceur à la margarine, des bonbons aux voleurs, des Noirs aux terroristes. Que viennent faire les voleurs, les Noirs et les terroristes sur cette liste qui n'a ni queue ni tête ? Rien *a priori*. Et en même temps, *a posteriori*, bien davantage que rien.

Il s'agit pour Moore de suggérer qu'il est aussi stupide d'avoir peur d'un voleur ou d'un assassin que d'un caramel mou. Voyons, c'est évident : dans l'univers de Moore, il n'y a pas de voleurs, pas d'assassins. Il y a des pauvres qui sont victimes de la société et des Blancs américains qui pètent les plombs à force d'avoir peur. Il s'agit pour Moore de suggérer que le racisme constitue plus que jamais une composante majeure de la peur américaine. Et Moore offre une explication à la surreprésentation des Noirs dans la population carcérale américaine : les Noirs font peur, ils sont exclus, ils sont injustement accusés de crimes commis par des Blancs, ils sont les pauvres parmi les pauvres et les principales victimes du pétage de plombs des Blancs américains. Quand Moore croise un Noir qui n'est pas pauvre et qui n'occupe pas le rôle de victime que Moore lui a assigné comme à tous les autres Noirs, il l'accuse avec une ironie condescendante d'avoir absorbé des « substances illicites » et de ne pas être dans son état normal. Première manifestation de racisme inversé de la part de Moore vis-à-vis de la population noire ? J'y reviendrai.

En mêlant terroristes, caramels et pommes golden, Moore tend aussi à dire qu'il n'y a pas de danger terroriste, uniquement la peur américaine et les gens qui agitent cette peur, les gens qui en vivent en faisant fabriquer des armes destinées à tuer de doux innocents ailleurs dans le monde, les gens cyniques qui exploitent cette peur. George Walker Bush, par exemple, que Moore montre en train de demander de la vigilance vis-à-vis des *evildoers*, ceux qui font le mal. Pour Moore, on l'a compris depuis longtemps, les seuls à pouvoir faire le mal sont des Américains blancs, surtout s'ils sont riches et, d'ailleurs, faut-il le répéter, les attentats du 11 septembre sont fondamentalement l'œuvre de la CIA. Moore ne va pas jusqu'à présenter Ben Laden innocent comme l'agneau, mais, en tout cas, il ne l'accuse pas. Comment l'accuserait-il, puisque Ben Laden n'est pas américain ?

Pour cibler davantage le nom de Bush, Moore mêle aux plans illustrant la haine des Noirs par les Blancs aux États-Unis, ce qui apparaît comme un spot publicitaire de la campagne de Bush père en 1988 contre Michael Dukakis. On y voit un tourniquet par lequel passent des prisonniers, censé illustrer la politique laxiste de libération sur parole de criminels endurcis mise en place par Dukakis en tant que gouverneur du Massachusetts. Pour que la séquence lui convienne, Moore n'a pu s'empêcher de lui donner un « coup de pouce » : deux images et deux seulement viennent du spot de campagne de Bush père, celle du tourniquet, et l'image finale où il est écrit sur fond noir « payé par la campagne Bush-Quayle ». Les images intermédiaires montrant un criminel qui se trouve être noir, Willie Horton, ont été ajoutées par Moore, tout comme la mention inscrite en blanc sur l'écran : « Relâché, et tue à nouveau. » Cette dernière mention, née de la plume de Moore, est d'ailleurs fausse puisque Willie Horton, une fois relâché, n'a pas tué, mais a commis un viol.

Moore aime bien, décidément, donner des « coups de pouce » à la réalité. Il évoque, à la fin du film, l'assassinat d'une petite fille de six ans appelée Kayla par un petit garçon du même âge, dans l'enceinte d'une école. À Flint. La maman du petit garçon est présentée comme une victime absolue : mère célibataire, vivant d'allocations sociales depuis des années, mais condamnée à travailler pour que soient maintenues ses allocations sociales, et obligée, par conséquent, de confier le petit garçon à son oncle chez qui l'enfant a découvert l'arme du meurtre. Le petit garçon, suggère Moore, est un ange victime de «l'injustice sociale» subie par sa mère. En rentrant dans les détails, et en prenant en compte ce que Moore a laissé de côté, on apprend que si la mère du petit garçon est seule, c'est que le papa est en prison pour violence et trafic de drogue. On apprend aussi que le petit garçon était souvent chez son oncle, tenancier d'une *crack house*, maison où des drogués viennent consommer du crack. On apprend que la *crack house* fut découverte et fermée par la police peu de temps après le meurtre de Kayla, ce qui conduisit à l'incarcération du brave tonton, de la tante et de la grand-mère. On apprend aussi qu'avant de tuer, le petit garçon avait déjà poignardé un élève et en avait agressé un autre au couteau. Quand on naît dans une famille impliquée jusqu'au cou dans le trafic de drogue et la violence, on prend rarement un bon départ dans la vie. Quand on pratique des actes de violence grave à l'école, on doit faire l'objet d'un suivi approprié. Faut-il vraiment se demander pourquoi Moore ne dit rien de tout cela? Si Moore avait dû s'interroger sur l'absence de suivi d'un enfant qui a commis des actes de violence grave, il se serait trouvé, c'est vrai, confronté au discours d'assistantes sociales disant qu'il faut pardonner, ne pas opprimer un jeune garçon à problèmes, lui donner une chance encore de se «socialiser». Qu'aurait-il pu dire alors de la «chance supplémentaire» qui a conduit à la mort de Kayla?

Moore a sa « vision » de la réalité, et il a même de telles visions qu'il en oublie la réalité ! Il se rend ainsi avec deux victimes rescapées de Columbine au siège de la firme à qui appartient le supermarché dans lequel les balles du massacre ont été achetées. Et Moore, montrant les cicatrices des rescapés, dit au représentant de la firme : « Ce sont vos balles qui ont fait cela. » En somme, les balles sont parties toutes seules. Elles se sont retrouvées toutes seules dans une arme à feu qui, elle-même, n'a été utilisée par personne. En somme aussi, si ce supermarché n'avait pas mis de balles en vente, les assassins n'auraient pas pu s'en procurer. On se demande comment ceux qui vivent dans des lieux où les balles ne sont pas en vente dans des supermarchés font pour s'en procurer. Sans doute qu'en pareil cas, faute d'avoir pu entrer dans un supermarché, les balles errent solitaires dans les rues jusqu'au moment où elles rencontrent une arme qui, elle aussi, se promène solitaire dans une rue.

Moore ne parle jamais de la responsabilité de la personne qui a acheté les balles. Il ne parle jamais du fait que, dès lors que les assassins se sont procuré leurs armes de manière illégale, ils auraient pu se procurer aussi des balles de manière illégale. Je sais : Moore n'a jamais dit que les assassins s'étaient procuré les armes de façon illégale ; il dit même explicitement le contraire. Si les assassins s'étaient procuré les balles illégalement, Moore aurait pu dire de toute façon qu'ils se les étaient procurées légalement. Il aurait alors pu montrer au titre de « preuve » une facture sans rapport, de loin, pendant un dixième de seconde. Il montre bien, dans le film, un bombardier B-52 devenu pièce de musée en disant que, sous le bombardier, figure une inscription indiquant « fièrement » que celui-ci a servi au « bombardement le plus massif de la guerre du Vietnam, à la veille de Noël 1972 ». Toute personne qui se rend sur place pourrait découvrir que l'inscription sous le bombardier n'a pour ainsi dire rien à voir, puisqu'on y lit les mots suivants : « L'équipage de Diamond Lil [surnom de l'avion] a abattu un Mig au nord-est de Hanoi lors d'une action menée la veille de Noël 1972. » Moore est tranquille : personne hors des États-Unis n'ira vérifier l'inscription. On croira Moore sur parole. On aura bien tort.

Moore a sa « vision » de la réalité, oui, et sa vision de la réalité n'a le plus souvent presque rien à voir avec la réalité. Il montre des Canadiens, disais-je. Ils sont décontractés, sereins ; ils n'ont pas peur. Ils sont hospitaliers et ne ferment jamais leur porte à clé : les Canadiens en général, dit Moore, n'ont pas besoin de fermer leurs portes à clé. Les Canadiens ont des armes, mais ils les utilisent pour la chasse au caribou. Les meurtriers et les voleurs n'existent pas au Canada. En se creusant la tête, un policier se souvient d'un homme violent, mais il ajoute aussitôt : « Ce n'était pas un Canadien. Il venait de Detroit aux États-Unis. » Les racistes n'existent pas non plus au Canada. Et qu'est-ce qui fait du Canada ce véritable paradis terrestre où l'on se demande : pourquoi y a-t-il encore des policiers ? (Je sais : parce que l'uniforme est joli et qu'un policier en uniforme, cela fait partie du décor pimpant d'une rue.) Réponse de Moore : l'absence de pauvres grâce à des allocations sociales généreuses, une médecine gratuite, des logements sociaux si superbes qu'ils feraient baver d'envie un membre de la *middle class* aux États-Unis. Moore n'explique pas pourquoi immigrer aux États-Unis est bien plus difficile qu'immigrer vers le Canada et pourquoi les candidats à l'immigration vers les États-Unis sont si nombreux. Il n'explique pas non plus pourquoi les habitants des États-Unis ne fuient pas en masse vers le Canada, ni pourquoi il y a trois cents millions d'habitants aux États-Unis et seulement trente au Canada. Explication probable de Moore : les habitants des États-Unis sont trop abrutis par la télévision pour sortir de chez eux et pour imaginer qu'on vit si extraordinairement bien au Canada. L'explication figure, en fait, déjà en filigrane dans le scénario du trop méconnu *Canadian Bacon*.

La « vision » de Moore a de quoi dégoûter ceux qui n'ont pas l'estomac solide et qui regardent l'envers du miroir. Elle atteint souvent les sommets de l'indécence. L'un de ces sommets est la façon dont Moore, d'un bout à l'autre du film, présente Charlton Heston et la National Rifle Association (NRA). La NRA est l'association américaine qui défend le deuxième amendement à la Constitution, donc le droit de porter des armes. Elle affirme aussi que ce n'est pas l'arme qui tue, mais le meurtrier. Moore pense que le droit de porter des armes peut se comprendre pour certains peuples sains d'esprit (les Canadiens, par exemple), mais pas pour un peuple de malades mentaux comme les Américains, tout particulièrement les Américains blancs. Une NRA canadienne pourrait, dans ces conditions, se concevoir, mais pas une NRA américaine. Et Moore « explique » : la NRA a été fondée en 1871, l'année où le Ku Klux Klan a été déclaré association terroriste aux États-Unis. « Le Klan tuait les Noirs, la NRA permettait aux Blancs de disposer des armes nécessaires », dit Moore qui conclut : « 1871, une bonne année pour les Blancs. » Le spectateur ne peut qu'en déduire que la NRA a avancé main dans la main avec le Klan et constitue une organisation raciste pour tueurs de Noirs et autres apprentis fascistes. Les images de miliciens viennent d'ailleurs étayer la déduction.

Charlton Heston est un comédien qui a connu une brillante carrière à Hollywood et qui est devenu, sur ses vieux jours, président de la NRA. Moore en « déduit » que Heston est devenu un fieffé salaud et entend le démontrer. Cela passe par des images extraites de films dans lesquels Heston a joué et, à regarder les images, on pourrait penser que celui-ci a été un adepte des rôles de bête brutale et meurtrière. Ce qui est faire peu de cas des œuvres de Cecil B. De Mille ou d'Orson Welles.

Cela passe ensuite par des extraits de discours qui semblent, effectivement, assez provocants. D'autant plus que, dit Moore, ils ont été tenus d'une part à Littleton, dix jours après le massacre de Columbine, d'autre part, à Flint, une semaine après le meurtre de la petite Kayla. Autrement dit : d'abjectes provocations, des crachats au visage des familles des victimes. Moore conclut en allant interviewer Heston chez lui à Beverly Hills. Et il montre Heston mal à l'aise, mais ancré fermement dans ses positions avant de raccompagner Moore à la porte, sans même un regard pour la photo de Kayla que Moore essaie de lui montrer. Le spectateur, là, déduira que Heston est effectivement un vieux salaud, sans cœur ni sensibilité.

Précisons ici que si la NRA a été fondée effectivement en 1871, le Klan, lui, l'a été cinq années auparavant, en 1866. On ajoutera qu'en 1871, le Klan a été déclaré organisation terroriste par le président Ulysses Grant (Federal Ku Klux Klan Act), ce qui conduisit à l'arrestation de cinq mille membres du Klan. Notons que les fondateurs de la NRA en 1871, à New York, étaient d'anciens officiers de l'armée fédérale, soucieux de l'impréparation militaire qu'ils avaient constatée chez les hommes des États du Nord et qui, à leurs yeux, contrastait dangereusement avec l'aptitude au maniement des armes chez les hommes du Sud esclavagiste. Soulignons que Grant deviendra président de la NRA après avoir quitté la Maison Blanche, et que les dirigeants de la NRA ont toujours été des ennemis du Klan et de toute organisation raciste, ou ségrégationniste. Dans les années 1950, comme l'explique Robert F. Williams dans *Negroes Without a Gun*, des groupes de Noirs du Sud ont rejoint la NRA et ont appris d'elle les moyens de lutter plus efficacement contre la discrimination.

On peut réprouver le second amendement, débattre du sujet, mais assimiler la NRA au Klan et au racisme relève, pour le moins, de la bassesse morale.

Heston, quant à lui, a rejoint activement le combat contre la ségrégation dans le Sud dès la fin des années 1950. Il a été proche de Martin Luther King et a participé de manière visible et significative à la marche organisée par celui-ci sur Washington en 1963. En 1967, Heston a tenu à produire un film appelé *Omega Man*, qui est le premier film dans lequel un homme blanc et une femme noire forment un couple mixte, brisant ainsi les barrières des préjugés de l'époque. Présenter Heston comme un raciste relève de la bassesse morale, là encore. Et laisser entendre que, lorsque Heston dit que les États-Unis ont un passé violent dû à ce qu'ils sont un pays de « diversité ethnique », c'est parce qu'il réprouve cette diversité relève au mieux (vraiment au mieux) d'une abyssale mauvaise foi.

Heston, par ailleurs, n'a pas « organisé à Littleton une réunion de la NRA dix jours après la tragédie de Columbine ». Toute organisation à but non lucratif, aux États-Unis, doit réunir une assemblée générale une fois par an. La NRA a décidé, des mois avant la tuerie, que sa prochaine assemblée générale aurait lieu à Denver. La date choisie tombait dix jours après la tuerie. Nul ne pouvait prévoir ce qui se passerait. Au moment de la tuerie, il était trop tard pour annuler l'événement, mais celui-ci s'est tenu de manière minimaliste et discrète, contrairement à ce que dit Moore. « Tous les séminaires, ateliers, déjeuners, expositions et autres festivités ont été annulés », écrivit le *Rocky Mountain News*, journal que Moore ne lit apparemment pas.

Heston n'est pas venu à Flint quelques jours après la mort de la petite Kayla, mais plus de huit mois plus tard, et sa venue n'avait rien à voir avec la mort de Kayla. C'était alors la campagne présidentielle de l'automne 2000, les candidats républicain et démocrate faisaient campagne dans le Michigan, des gens étaient venus les soutenir. Jesse Jackson était là pour parler en faveur d'Al Gore, Heston était là, lui, pour parler en faveur de Bush. Il n'a pas tenu « une grande réunion en faveur du droit de porter des armes ». Il a effectivement dit : « La liberté a besoin de vous maintenant plus que jamais », mais il ne parlait pas d'armes alors, mais de liberté tout court. On peut désapprouver Bush sans recourir à des moyens malhonnêtes. Moore a recouru à des moyens malhonnêtes. Comment définir autrement une phrase telle que celle-ci, vu ce que je viens d'exposer : « Tout comme il l'a fait juste après la tuerie de Columbine, Charlton Heston est venu à Flint pour organiser une réunion en faveur du port d'armes » ?

Le discours « provocateur » que Heston est censé avoir prononcé à Denver n'est devenu « provocateur » que par un travail de faussaire mené avec une virtuosité qui révèle l'obsession de nuire.

Moore procède à un montage où, comme l'ont montré David T. Hardy et Jason Clarke, il utilise trois fragments différents du discours, soigneusement tronqués et charcutés, et y ajoute, pour l'assaisonnement, un quatrième fragment prélevé dans un tout autre discours, prononcé ailleurs, à un autre moment.

On voit à l'écran Heston dire : « Je n'ai que cinq mots à vous dire : de mes mains froides et mortes. » Puis, après un plan de coupe montrant une affiche (ce qui évite au spectateur de se demander pourquoi entre deux phrases du même discours, Heston – qui n'est pas prestidigitateur – est censé avoir changé de chemise, de cravate et de décor) : « Je dis au maire : en tant qu'Américains, nous sommes libres d'aller où nous voulons sur notre vaste territoire. Ne venez pas ici ? Nous sommes déjà ici. »

Le premier fragment (« Je n'ai que cinq mots à vous dire : de mes mains froides et mortes ») a été prononcé non à Denver, mais à Charlotte, en Caroline du Nord, à plus de deux mille kilomètres de là, un an plus tard. Et Heston parle alors pour remercier ceux qui viennent de lui offrir une arme de collection.

Le reste a bien été dit à Denver, mais charcuté, effectivement. Heston dit : « Comme vous le savez, nous avons annulé les festivités... Monsieur le maire m'a dit : ne venez pas ici... J'ai dit au maire : je me suis porté volontaire pour partir à la guerre à dix-huit ans alors que j'aurais pu ne pas m'engager. J'ai ensuite défendu mon pays en divers endroits, du Nigeria au Vietnam. Je sais que nombre d'entre vous dans cette salle pourraient dire la même chose. » Moore conserve seulement « Monsieur le maire m'a dit : ne venez pas ici... J'ai dit au maire ». Il faut aller à la page suivante du discours pour trouver, dans un tout autre contexte, « en tant qu'Américains, nous sommes libres d'aller où nous voulons sur notre vaste territoire ».

Heston dit ensuite : « Les membres de la NRA sont à la mairie... Au Centre d'entraînement olympique. Eh oui, des membres de la NRA font partie de la police, des pompiers, des brigades d'interventions, des héros qui sont intervenus pour sauver la vie des lycéens à Columbine. Ne venez pas ici ? Nous sommes déjà ici. Cette communauté où nous sommes fait partie de nous. Toutes les communautés en Amérique font partie de nous. Nous faisons partie depuis cent vingt-huit ans du grand courant qui fait l'Amérique. » Moore conserve un seul très bref morceau de phrase : « Ne venez pas ici ? Nous sommes déjà ici. »

Moore dirait vraisemblablement qu'il ne pouvait conserver l'intégralité du discours. Et il ajouterait, tout aussi vraisemblablement, que c'est un pur et innocent hasard si des phrases évoquant l'annulation des festivités, les services rendus par Heston et d'autres membres de la NRA à leur pays en des temps difficiles, ou la participation de membres de la NRA aux opérations de sauvetage à Columbine, se sont trouvées coupées.

C'est donc un hasard si le discours charcuté de Heston figure entre l'image d'une rescapée de Columbine disant que l'un des tireurs a tué un élève à côté d'elle «juste parce qu'il était noir» et l'image du père d'une des victimes, les larmes aux yeux, disant qu'il est anormal de voir des armes entre les mains d'enfants capables de tuer. Le spectateur, cela va de soi, n'est pas du tout incité à penser que Heston et la NRA ont une part importante de responsabilité dans la tuerie de Columbine...

C'est un hasard aussi si, lorsque Heston parle du maire de Denver, Moore illustre les mots par une photographie montrant que le maire est noir. Le spectateur n'est, nul ne peut en douter, pas du tout incité à imaginer que la NRA est blanche et raciste...

Lors de l'entretien réalisé chez Heston à Beverly Hills, Moore pose des questions pleines d'inexactitudes: Heston serait allé à Flint juste après la mort de Kayla. Si Heston avait gardé un souvenir précis des faits, Moore serait passé d'autres questions et aurait coupé les réponses de Heston. Heureusement, Heston ne se souvient pas et pense que Moore dit la vérité. La différence entre Moore et Heston est que Moore, un ou deux ans après les faits, a son mensonge très précisément en tête. Heston, lui, a parcouru le pays deux cents fois dans l'intervalle. Comme un pêcheur qui sent que le poisson mord, Moore poursuit et tente de pousser Heston à se sentir coupable, à se mortifier.

Quand Heston, lassé du comportement de Moore, le raccompagne vers l'entrée de sa propriété, Moore insiste. Heston ne l'écoute pas. Moore reste seul avec la photo de Kayla. Il a la preuve de l'indifférence de Heston, de son racisme et de son absence de compassion. Sauf qu'une analyse détaillée de la scène montre que deux plans successifs ont été raccordés et montés. Le premier montre Moore de dos, en haut de l'escalier, et Heston en bas. Moore l'interpelle, Heston tourne brièvement la tête, ne dit rien et poursuit son chemin. Le second plan montre Moore de face, toujours en haut de l'escalier, brandissant la photo de Kayla et implorant Heston de demander pardon. À ce moment, Heston n'est plus là. Moore joue une sinistre comédie. Grâce au montage, les deux plans en deviennent trois. 1 : Moore interpelle Heston. 2 : Moore joue sa comédie. 3 : Heston part, indifférent. Ce montage n'est pas innocent. Lorsqu'on apprend le montage dans une école de cinéma, on parle d'effet Koulechov, du nom de Lev Koulechov, cinéaste soviétique des années 1920. En plaçant un plan fixe du visage neutre d'un comédien entre deux images suggérant la tristesse, on conduit les spectateurs à affirmer que le visage du comédien était triste. En plaçant le même plan de visage neutre entre deux images suggérant la joie, on conduit les spectateurs à affirmer que le visage était joyeux. En ajoutant une image incitant à la compassion avant l'image du départ de Heston, Moore conduit les spectateurs à se dire que Heston est dépourvu de toute compassion. « Dégueulasse.

Qu'est-ce que ça veut dire, dégueulasse ? » demande le personnage de Jean Seberg à la fin d'*À bout de souffle* de Jean-Luc Godard. Je pense que Moore connaît la signification du mot dégueulasse.

Tout est faux ou bien tout est faussé dans *Bowling for Columbine*, oui.

Même les statistiques. Pour étayer ses arguments, Moore assène que le nombre de morts par armes à feu annuellement aux États-Unis s'élève à 11 000 personnes. Et il compare ce chiffre à d'autres chiffres, infiniment plus bas, qu'il donne concernant d'autres pays. Il ne donne ni les années de référence de ses chiffres, ni la façon dont ils ont été obtenus, ni ce qu'ils signifient en proportion de la population. Il semble que, pour les États-Unis, il ait pris un chiffre établi pour l'année 1999 par le Center for Disease Control : ce chiffre additionne les victimes de meurtres, ceux qui sont tombés sous les balles de la police et les suicides. Les chiffres qu'il donne pour les autres pays ne concernent que les victimes de meurtre.

Même si les chiffres étaient établis sur les mêmes bases (ce qui n'est pas du tout le cas), il n'en resterait pas moins que donner des chiffres bruts pour un pays de trois cents millions d'habitants et des chiffres bruts pour des pays cinq, dix ou vingt fois moins peuplés n'a aucun sens, sauf si l'on veut, encore une fois, donner un « coup de pouce » à la réalité. Année après année, la proportion du nombre de morts par armes à feu par habitants, une fois les comparaisons rétablies de manière équitable, situe les États-Unis au vingt-quatrième rang mondial. Derrière la Russie, la Pologne, la Bulgarie, pour citer quelques exemples.

Tout est faux ou bien tout est faussé.

Quand des meurtres ont lieu aux États-Unis, c'est, selon Moore, la faute des balles, des armes, de la société, de la télévision, de la couleur du ciel, mais ce n'est jamais la faute du meurtrier.

Quand quelque chose ne va pas quelque part sur la planète, c'est la faute des États-Unis.

Quand il y a des attentats aux États-Unis, c'est encore la faute des États-Unis. Et, par conséquent, lorsque le Président des États-Unis évoque la nécessité d'être vigilant quant à des risques d'attentats futurs, il dit n'importe quoi puisque l'unique menace sur la planète, ce sont les États-Unis. En suggérant que l'argent consacré à la défense nationale est gaspillé ou vient simplement enrichir de grands « criminels » capitalistes, Moore dit que la défense nationale américaine est inutile et qu'il vaudrait mieux utiliser tous ces milliards pour distribuer à l'infini des allocations sociales.

Si, par malheur, il devait y avoir à nouveau des attentats aux États-Unis, Moore dirait que c'est la faute des États-Unis et proposerait vraisemblablement de riposter en supprimant l'armée américaine, et en payant tout le monde à vivre sans travailler. Nul doute que la paix et l'harmonie suivraient immédiatement.

Il y a eu un premier massacre au lycée de Columbine, le 20 avril 1999 ; *Bowling for Columbine* constitue un second massacre symbolique, une utilisation sans retenue de la mémoire des morts. C'est l'exploitation d'un fait divers tragique à des fins profondément amorales, le détournement de ce qui a débouché sur une phase d'interrogations et de douleur aux États-Unis vers l'affirmation obscène d'une détestation d'ensemble de la société américaine et de ses habitants. Moore filme ceux qui pleurent à Littleton ou à Flint ; il ne dit pas si ceux qui pleurent font partie de ces êtres immondes, qui ont peur et qui exterminent, que décrit son dessin animé sur l'histoire des États-Unis. En toute logique, ils font partie de ces êtres immondes puisqu'ils sont américains et, le plus souvent, blancs.

Bowling for Columbine n'est ni un documentaire ni une enquête, disais-je plus haut. Ce n'est même pas ce qu'on pourrait appeler un film à thèse, tant le raisonnement central se situe à proximité de la médiocrité absolue. Un film à thèse ne pourrait en rester à une approche aussi grossière et aussi grossièrement falsifiée de l'histoire. Un film à thèse ne pourrait pas recourir ainsi à tous les subterfuges de la manipulation mentale. Le mot « propagande » est le seul qui convient.

Moore, contrairement à ce que certains critiques ont dit, ne donne pas à penser : il dissémine la confusion aux fins de substituer des réflexes rudimentaires à la pensée.

Moore ne critique pas la société américaine : il l'accuse comme on était accusé dans les procès de Moscou au temps de Molotov, ou comme on attaquait les juifs dans les discours de Goebbels.

Il ne pratique pas l'humour. Ridiculiser, susciter la haine ou le mépris en falsifiant, ce n'est pas pratiquer l'humour. C'est peut-être faire rire, mais d'un rire qui provoque le malaise, car on sent affleurer derrière lui ce qui peut découler de la haine ou du mépris : la violence destructrice.

Bowling for Columbine est un film qui a plu à tous les êtres totalitaires du monde. Ben Laden lui-même, dit-on, a apprécié.

Ce que Moore a réussi de plus abominable, là, a été de faire apprécier par tant de bien-pensants sur la planète ce qui l'a été par tant d'êtres totalitaires.

Avec *Bowling for Columbine*, la nuisance est vraiment en marche, oui.

La bave devient visible au contour des babines.

Ceux qui se refusent obstinément à voir ne voient toujours pas, et ils sont nombreux.

Moore est allé plus loin, bien plus loin, que dans toute sa production précédente. Le masque est à demi arraché, mais il est encore à demi en place. On peut, en s'aveuglant, ne voir que le masque et pas le visage d'horreur qui se laisse apercevoir sous le masque.

À l'image, Moore semble si débonnaire. Il parle d'une voix si douce.

Moore sait qu'il peut désormais aller plus loin, tellement plus loin.

La suite ne tardera pas. Elle est en gestation, déjà, dans des textes qu'il faut lire...

5. Un homme blanc très stupide

Bowling for Columbine sort en salle en 2002. Entre-temps, alors qu'il avait déjà commencé son film, Moore a écrit un second livre qui devait sortir à l'automne 2001.

L'automne 2001, c'est le moment des attentats d'al-Qaida contre le World Trade Center et le Pentagone. L'éditeur de Moore était prêt à lancer un brûlot gauchiste supplémentaire, mais il comprend très vite que le contexte n'est pas à ce genre d'écrits. Les États-Unis sont un pays meurtri, blessé au plus profond, et même les plus extrémistes n'ont guère le goût au rire anti-américain. Ceux qui se risquent à tenir des propos odieux ou de mauvais goût, telle Susan Sontag, reçoivent un accueil glacial, voire des insultes.

L'éditeur décide, dans ces conditions, de différer la sortie du livre. Moore trouvera ce délai inadmissible, hurlera à la censure, s'en prendra avec véhémence à la décision. Pour lui, c'est vrai, il n'y a pas eu d'attentats, ou pas vraiment, ou c'est la faute de la CIA, de George Walker Bush, des États-Unis qui, s'ils n'avaient pas existé et n'étaient pas aussi répugnants, n'auraient pas été attaqués.

Moore ne casse pas pour autant le contrat. Certaines sommes susceptibles d'arrondir encore un compte en banque déjà bien garni ne se refusent pas. Moore ne sait pas, qui plus est, si le film qu'il réalise sera un succès.

À la sortie du livre, Moore a ajouté une postface intitulée « La triste et sordide histoire de Ben Cheney et Ben Bush ». Le titre est déjà éloquent, mais il faut lire les pages qui suivent. « Et s'il n'y avait pas de "menace terroriste" ? Et si Bush et Compagnie avaient besoin d'une telle menace terroriste pour pouvoir mener à bien l'entreprise de destruction systématique des garanties constitutionnelles qui protègent les libertés ? », demande Moore.

Pour lui, en tout cas, c'est très clair. Premier temps : New York est en guerre, dit-il. Mais il se décrit encore comme sous le choc de l'émotion. Ses idées perverses ne sont pas en place dans sa tête. Deuxième temps : les mesures de protection prises pour sécuriser les vols sont insuffisantes. On interdit tout objet coupant, mais pas les briquets ou les allumettes. Bon sang, mais c'est bien sûr ! Le lobby du tabac ! Les milliards de dollars de l'industrie du tabac ! Moore se retrouve en terrain familier et peut passer à l'étape suivante. Troisième temps : tout cela, c'est un coup des capitalistes milliardaires qui ont installé Bush à la Maison-Blanche. C'est un coup des crapules de la CIA qui ont installé les pires dictateurs au pouvoir et qui sont responsables de tous les massacres, de tous les assassinats et de toutes les famines sur la planète. Ces gens-là sont prêts à tout pour gagner davantage ; leur rapacité n'a pas de limites. Ils veulent qu'on dépense de l'argent en armes diverses et à n'en plus finir ; ils veulent affamer les pauvres, déstabiliser psychologiquement une population d'abrutis et de fous, instaurer une dictature aux États-Unis qui, de toute façon, ne sont plus depuis longtemps un pays démocratique.

Si vous pensez que j'exagère, c'est que vous n'avez pas lu le texte. Moore parle du gouvernement américain comme d'un « gouvernement corrompu d'escrocs sans vergogne qui n'hésitent pas à se servir de la mort de milliers de nos concitoyens pour couvrir leurs obscures manigances ». Une accusation diffamatoire et sans fondement tous les deux mots. Un jet de vomissure aigre et gratuite par un Américain contre le gouvernement de son propre pays, en un temps de deuil, de douleur et de guerre. Une aide concrète apportée au terrorisme islamiste, puisque, selon Moore, il n'y a pas de terroristes islamistes, mais simplement des « manigances » américaines.

Dès lors qu'il s'agit de « manigances d'escrocs », pourquoi les Américains devraient-ils être vigilants ? Pourquoi devraient-ils prêter attention ? Peut-être devraient-ils même pratiquer la désobéissance ? Les islamistes, quant à eux, devraient en profiter pour se laver des accusations portées par des « escrocs » et retourner l'accusation contre qui mérite d'être accusé : les « escrocs », bien entendu. Ils pourraient même se présenter comme des victimes, s'ajoutant à la longue liste dressée par Moore de ceux que les États-Unis ont persécutés.

En regardant la couverture de l'édition américaine, nombreux sont ceux qui, voyant la photo de Moore et l'inscription qui figurait au-dessus, *Stupid White Men*, « Hommes blancs stupides », ont pensé que Moore était passé à l'autoportrait. Le pluriel *Men* aurait pu les détromper, mais Moore avait, à l'époque, fait preuve de tant de duplicité qu'ils pouvaient penser qu'il parlait des divers Moore : le gauchiste et le millionnaire, le gentil compassionnel devant la caméra et le tyran derrière la caméra, l'enfant de Flint qui n'est pas de Flint, l'Américain qui rêverait d'être Canadien sans jamais franchir le pas, etc.

La lecture du livre permet de voir que les hommes blancs stupides qu'il désigne, ce sont, en fait, tous les Américains sauf lui et, à la rigueur, les Américains qui le lisent et qui, en s'imprégnant de ses écrits, trouveraient la rédemption. Dans le reste du monde où le livre est traduit, le titre diffère, la couverture aussi. En France, c'est *Mike contre-attaque !* Nulle explication n'a été donnée concernant l'attaque à laquelle Moore devrait riposter. Sans doute cette attaque n'est-elle pas dirigée contre Moore lui-même, mais incarnée par les États-Unis et leur gouvernement. Les États-Unis et George Walker Bush menacent-ils le monde, et même comme jamais, en utilisant le prétexte du 11 septembre, derrière lequel il y a la CIA ? Ne vous inquiétez pas, SuperMoore est là pour vous défendre. Il vous regarde dans les yeux de façon déterminée ; avec ses doigts, il fait le V de la victoire. Vous, lecteur, vaincrez grâce à lui. Pour qu'il n'y ait pas la moindre ambiguïté, il a fait inscrire sur la manche de son vieux blouson « Bienvenue aux États stupides d'Amérique ». Et il a fait remplacer les étoiles, sur le drapeau américain, par des têtes de mort. Tous des cons, vous dis-je !

Et des cons meurtriers et bellicistes ! Parce qu'il sait que la route sera longue, mais qu'il tiendra la distance, Moore affiche fermement les quelques dizaines de kilos supplémentaires qu'il a pris pour tenir le coup sans faiblir. Et s'il devait flancher, il se trouverait bien quelque part un endroit où acheter un double cheeseburger et une triple portion de frites.

« Hommes blancs stupides » (restons-en au titre d'origine) n'est pas un autoportrait de Moore, non. Encore que le livre permette assez bien de dresser un portrait de Moore. Le livre est plus abject encore que *Bowling for Columbine*. Surtout, il est plus révélateur. Il montre, davantage encore que le film, l'horreur-Moore.

« Moore ne respecte rien ni personne », me disait David Horowitz au sujet du premier film de Moore. Cet irrespect méprisant n'est nulle part aussi évident que dans « Hommes blancs stupides ».

« Moore offre au spectateur la possibilité de se sentir supérieur, de se dire que, grâce à Moore, il a tout compris », me disait encore David Horowitz. Le lecteur de Moore est lui aussi censé se sentir supérieur et à même de tout comprendre grâce à Moore.

Chaque lecteur américain d'« Hommes blancs stupides » peut, en lisant le livre, se dire qu'enfin il a échappé à la stupidité crasse de tous les Américains qui l'entourent, et imaginer qu'il appartient à une autre espèce d'Américains. Il est de ceux qui ont vu la lumière, et pour lesquels il est désormais inutile de s'adresser aux autres ou de les respecter, de dialoguer avec eux. Les insultes suffisent. Lors d'une signature de livres de Moore à New York, j'ai pu observer ceux qui faisaient la queue ; j'ai pu entendre leurs conversations. Sur les T-shirts : « Bush : Terrorist n° 1 », « Kill Bush », « Fuck the System », pour n'en donner que quelques échantillons. Sur les lèvres, des plaisanteries sur les « crétins et les bouseux de l'Amérique profonde », sur les soldats tués en Irak, des propos d'admiration concernant Ben Laden qui a des « tripes ». Il n'est plus question de la mondialisation, des délocalisations et des fermetures d'usines. Tout cela est très loin. L'Amérique en bleu de travail est très loin aussi. Après avoir obtenu la signature de Moore, on va boire un café garanti sans pesticides à une terrasse chic de l'East Village et l'on disserte des bienfaits du castrisme à Cuba avant de rentrer chez soi dans un loft de Soho. Parmi les adultes très « bourgeoisie bohème », quelques adolescents, enfants de « bourgeois bohèmes », très anarchistes, mais très heureux que Papa leur paie de très chères études à la New York University voisine.

Pour les lecteurs européens, c'est plus simple encore. Le livre pourrait s'appeler : Comment adopter une détestation condescendante et absolue envers les États-Unis en deux cents pages et sans se fatiguer les méninges.

Le livre commence comme il s'achève : par une bordée d'injures envers le gouvernement américain, par des accusations très graves et sans fondement. La liberté de parole que garantit le premier amendement a du bon quand on s'appelle Michael Moore. Elle permet vraiment de dire n'importe quoi.

Moore, dès la première page, parle de « putsch ». Il traite Bush d'« usurpateur en chef ». Il demande une intervention armée extérieure pour rétablir la démocratie aux États-Unis. Depuis qu'il a écrit ces lignes, des élections au Sénat et à la Chambre des représentants ont eu lieu en 2002, 2004 et 2006. En 2006, elles ont même abouti à un changement de majorité. Les prochaines élections au Sénat et à la Chambre auront lieu en 2008. Des élections présidentielles se sont déroulées en 2004 et les prochaines se dérouleront en 2008, elles aussi. Le premier mardi de novembre, comme c'est de coutume depuis 1788. Quel pays où aurait eu lieu un putsch verrait-il des élections se tenir avec une régularité de métronome et des alternances s'opérer lorsque le suffrage universel se prononce en ce sens ? Je n'en connais pas. Moore en sait davantage que moi, c'est incontestable. Il a la lucidité bizarre et torve de quelqu'un qui discernerait un « putsch » dans l'un des deux seuls pays du monde où, dans les temps modernes, des institutions de droit ont existé pendant plus de deux siècles consécutifs (l'autre étant le Royaume-Uni), et qui ne verrait de putsch à dénoncer nulle part ailleurs.

Pour étayer ses propos, Moore avance des « preuves ». Frelatées, comme c'est habituel chez lui.

Une entreprise informatique, dit-il, a été payée pour passer « au peigne fin tous les registres électoraux de l'État aux fins d'en éliminer tous les électeurs soupçonnés d'avoir un casier judiciaire». Quel scandale! Quel scandale en effet si l'on sait ce que Moore dit lui-même un peu plus loin: «La législation de l'État de Floride suspend le droit de vote des anciens délinquants.» Autrement dit: la mise à jour des registres électoraux était simplement l'application de la loi en vigueur. Quel scandale, décidément! Appliquer la loi en vigueur!

Moore ajoute que «31 % des hommes afro-américains de cet État sont ainsi dans l'impossibilité de voter». Ce qui voudrait dire, donc, que 31 % des hommes noirs de Floride seraient des délinquants. Pas tout à fait, dit Moore, qui, ne reculant devant aucune outrance, parle de «fraude massive»: «Ils ont empêché de voter des milliers de citoyens afro-américains au casier judiciaire entièrement vierge.» Les outrances fallacieuses continuent ainsi pendant des pages, où le système Moore consiste à accuser en désignant l'homme dont le père du beau-frère était le cousin germain de l'oncle du grand-père de monsieur X, ce qui montre que monsieur X est coupable, forcément coupable. Au temps de la Gestapo, il suffisait parfois d'avoir une arrière-grand-mère juive pour se retrouver sur la mauvaise liste qui menait, au mieux, derrière les barbelés. Moore sait accuser, c'est évident. Le seul objectif de Moore est une affirmation qu'il n'a cessé de reprendre depuis: «C'est Gore qui l'a emporté!» Sans doute faudra-t-il le redire à Gore à la fin, très prochaine, du second mandat de Bush. Et l'on peut d'ailleurs se demander pourquoi les démocrates n'ont pas proposé Gore plutôt que Kerry en 2004, et pourquoi ils n'envisagent pas de proposer Gore plutôt que Hillary Clinton ou Barack Obama en 2008. Moore le dit : ce sont des « poules mouillées ». Même la gauche du parti démocrate n'est pas assez à gauche à ses yeux. Si un clone de Lénine ou un frère de Ben Laden se mettait sur les rangs, Moore pourrait frétiller, se dire qu'il n'y a là aucun risque de putsch, et que les conditions de la démocratie selon Moore pourraient être remplies. Mais passons. Et, quand bien même ils datent un peu maintenant et sentent l'histoire ancienne, revenons-en aux faits.

Disons simplement que la décision de mettre à jour les listes électorales en Floride, conformément à la loi, résultait d'une élection contestée au poste de maire de Miami en 1997. Plusieurs dizaines de personnes censées avoir été radiées des listes électorales avaient alors voté, sans compter des gens décédés depuis longtemps. Le (vrai) scandale qui en a résulté a débouché sur une série d'articles du *Miami Herald*, qui ont valu au journal le prix Pultizer. En 1998, soit l'année suivante, la Chambre législative de Floride a effectivement payé une entreprise pour que *les listes électorales soient réglementaires*. Rien de plus et rien de moins.

Disons que la radiation des listes n'a pas concerné particulièrement les Noirs, mais tous ceux qui ont un casier judiciaire.

Ajoutons que le pourcentage de 31 % avancé par Moore est sans le moindre fondement (le chiffre réel disponible est de 3 %) et constitue une incrimination gratuite (dirais-je raciste ?) de la population masculine noire de Floride, dans laquelle nul n'a jamais décompté, sauf Moore, un criminel sur trois personnes.

Notons que les gens au casier judiciaire vierge radiés par erreur (en raison d'une homonymie, le plus souvent) ont pu faire appel de cette radiation, puisque la notification de radiation leur a été transmise plusieurs mois avant les échéances électorales.

On laissera à Moore la responsabilité de ses affirmations, selon lesquelles les repris de justice et les criminels voteraient quasiment tous démocrate. Je suis loin d'être certain que les dirigeants du parti démocrate aient envie que leur parti soit considéré comme le parti préféré des repris de justice et des criminels. Les dirigeants concernés peuvent adresser leurs réclamations à Moore, si ce n'est déjà fait. Le baiser de Moore au parti démocrate en 2004 est en tout cas devenu le « baiser qui tue » : celui dont un candidat ne se relève pas. Dès 2004, aux États-Unis, la crédibilité de Moore valait moins cher qu'une serpillière usagée. Ceux qui voudraient corriger point par point le torrent d'inepties monomaniaques déversées ensuite par Moore au sujet des élections de novembre 2000 en Floride, car c'est un véritable torrent, pourront se reporter aux dossiers très complets publiés dans *USA Today*... L'instruction est close.

Après avoir terminé sa « démonstration » et demandé que les « putschistes » soient arrêtés au terme d'une intervention armée étrangère, Moore affirme qu'ils devraient faire l'objet de « procès collectifs à grand spectacle, genre Chine populaire ». Appelons donc les choses par leur nom : de *procès totalitaires type Mao au temps de la Révolution culturelle*. Moore ne dit pas combien de morts a fait la Révolution culturelle et quelles meurtrissures indélébiles l'ère maoïste a laissées sur la Chine. Quand on a comme lui un modèle de justice que l'on juge admirable, on ne s'arrête pas à ce genre de détails, et ce ne sont pas quelques dizaines de millions de morts qui vous plongent dans l'anorexie.

Le texte passe, à partir de là, aux dénonciations *ad hominem*, et dresse sa liste des condamnés à l'avance : les « bushistes », comme dit Moore.

Chaque condamné à l'avance reçoit son tombereau de calomnies. « Cheney a voté contre l'amendement en faveur de l'égalité des droits pour les Afro-américains », écrit Moore. Pas de date ni de précision. Cheney, en fait, a voté en 1983 contre l'Equal Rights Amendment, qui concernait *l'égalité des sexes*, parce que l'amendement incluait une reconnaissance générique du droit à l'avortement.

Cheney, ajoute Moore, a voté « contre le financement de l'IVG, même en cas de viol ou d'inceste ». Ni date, ni précision, encore une fois. En réalité, Cheney a voté contre le financement de l'IVG *par le gouvernement fédéral*. En 1980. Déclaration de Cheney en 2000 : « Je suis opposé à l'avortement, mais j'accepte les exceptions impliquées par le viol ou l'inceste. »

De plus, Cheney, souligne Moore indigné, a été directeur général d'Halliburton avant de devenir vice-président. Imaginez ! Un ex-directeur général d'entreprise à la vice-présidence ! On voit bien que les États-Unis sont un pays capitaliste ! Des dirigeants d'entreprises peuvent faire de la politique après avoir quitté l'entreprise qu'ils dirigeaient ! Il semblerait même que certains hommes politiques américians, après avoir exercé leur fonction, plutôt que de se tourner les pouces, s'investissent dans le monde de l'entreprise ! Juste ciel !

L'accusation de liens avec les milieux d'affaires revenant chez lui comme une véritable litanie, sans doute faudrait-il informer Moore, s'il ne le sait déjà ou s'il feint de l'oublier, que, contrairement à la Chine sous Mao, il n'y a pas aux États-Unis d'école du parti, et pas de nomenklatura. Sans doute faudrait-il lui dire, s'il simule l'amnésie, qu'il n'y a pas même aux États-Unis d'École nationale d'administration, et que tous les hommes politiques sans exception ou presque viennent du secteur privé et sont destinés à y retourner. Or que trouve-t-on dans le secteur privé ? Juste ciel, oui ! Des entreprises ! Et quelquefois même des chefs d'entreprise ! On ne verrait pas ça dans un pays conforme aux idéaux de Moore, je le sais. Vivre en Amérique devrait être pour lui un véritable cauchemar s'il n'y vivait très confortablement en se faisant payer (cher) pour dire, par l'écrit et par l'image, qu'il vit dans un cauchemar.

John Ashcroft, ministre de la Justice à l'époque, se trouve, entre cent autres choses, accusé d'avoir fait preuve de « neutralité bienveillante » envers Microsoft pour permettre à l'entreprise d'échapper à « l'obligation légale de se scinder en deux entreprises différentes ». Pas le moindre rudiment de preuve ou de précision, bien sûr.

Ashcroft est aussi accusé (Moore dit même que c'est un « exploit ») d'avoir annoncé que « dans les vingt-quatre heures qui suivent l'achat d'une arme et la vérification des antécédents de l'acheteur, les fichiers de renseignement concernant ces antécédents devront être détruits » : mais Moore s'abstient de préciser qu'Ashcroft n'a fait que réaffirmer ainsi l'application des termes de la loi Brady, votée longtemps auparavant. Un ministre de la Justice qui respecte les lois en vigueur, cela ne plaît visiblement pas à Moore. Un ministre de la Justice qui violerait les lois en vigueur ne lui plairait pas davantage. Pour plaire à Moore, un ministre de la Justice devrait : a) ne pas être républicain, b) n'être pas américain, c) être chinois, et maoïste de préférence.

La secrétaire à l'Agriculture, bien entendu, est décrite comme « vendue » aux géants de l'agroalimentaire : Moore préfère, à l'évidence, les petites ou les très petites entreprises artisanales, mais ne dit aucun mot des gains de productivité permis par l'agriculture industrielle, sans lesquels les prix des aliments seraient bien plus élevés, d'abord pour les moins aisés. Nul ne doute que Moore, en commandant ses cheeseburgers, stipule que tous leurs composants doivent provenir de fermes artisanales, sans quoi il refuse de manger.

Tous les autres ministres subissent le même genre de réquisitoire allusif, infondé, insultant, aussi définitif qu'une citation à comparaître devant le peloton d'exécution à l'aube, juste avant de recevoir douze balles dans la peau pour haute trahison.

Plutôt que de continuer une énumération qui risquerait de devenir interminable, je vais placer en appendice en fin d'ouvrage une réfutation du véritable dictionnaire de la calomnie la plus basse que Moore offre en si peu d'espace. Jeter l'opprobre sur quelqu'un peut se faire en deux ou trois mots. En finir avec l'opprobre prend davantage de temps. Salir est rapide, et Moore s'y connaît en salissure et en rapidité : nettoyer la salissure est plus complexe. Moore le sait : évoquant visiblement ses expériences personnelles, il décrit les hommes comme des porcs répugnants qui laissent des traces nauséabondes partout autour d'eux. Puisque c'est Moore qui le dit en décrivant les hommes...

Après ces salissures en tout genre, Moore passe à d'autres activités tout aussi dégradantes. Dans une « lettre ouverte » à George W. Bush, il accuse les gouvernements Reagan et Bush père d'avoir provoqué

« la ruine et le désespoir du Michigan », Bush père d'avoir planifié de manière désinvolte le « bombardement des habitants de Panama City », Prescott Bush d'avoir « fait des affaires avec les nazis ». Il définit les baisses d'impôts comme une « combine pour voler l'argent des classes moyennes et le redistribuer aux super-riches », les projets d'exploitation des ressources pétrolières de l'Alaska comme un « pillage ». Et j'en passe, là aussi. Moore déteste tellement Bush que la calomnie en devient frénétique. Il accuse Bush d'être entré à l'université de Yale en passant devant des « étudiants plus méritants ». Et il termine par un bouquet final : « Ivrogne, voleur, criminel potentiel, déserteur, fils à papa pleurnichard ». Il est surprenant que la liste s'arrête. Manque de verve ? Moore aurait pu ajouter pédophile, pétomane, assassin de vieilles dames. Il aurait pu dire que Bush à l'âge de six ans arrachait les ailes des mouches par pur sadisme et tirait à la carabine à plomb sur le cul des chevaux de son père : qui viendrait le contredire ?

La suite ? Une dénonciation du capitalisme, qui montre à elle seule que Moore n'a mis les pieds que très brièvement à l'université et a, depuis, surtout acquis sa piètre culture économique dans les équivalents américains de *Lutte ouvrière*.

Les pilotes de compagnies aériennes américaines, nous apprend-il, gagnent moins d'argent mensuellement qu'un vendeur de hamburgers débutant et sont obligés de manger à l'Armée du salut ou à ce qui y ressemble. On se demande pourquoi ils ne restent pas chez eux ou ne se reconvertissent pas en vendeurs de hamburgers.

Le chômage ne cesse de monter, et au rythme où Moore affirme qu'il monte, on s'étonne qu'il n'ait pas encore dépassé les cent pour cent de la population active. « Des centaines d'entreprises annoncent des licenciements massifs », nous dit-il, et aucune création d'emploi ne semble en vue, puisque Moore n'en dit pas un mot.

Pendant ce temps-là, « les riches se vautrent dans la montagne de billets verts qu'ils ont accumulés sur votre dos », des entreprises « fraudent le fisc » en installant leur siège social hors des États-Unis, et celles qui restent aux États-Unis trouvent odieusement le moyen de profiter de « déductions fiscales ». En somme : « C'est seulement une poignée d'individus médiocres » qui réussit à survivre. Le reste, soit la quasi-totalité de la population américaine, meurt littéralement de faim, et je ne doute pas que quiconque ayant séjourné ces dernières années aux États-Unis n'ait été choqué par la maigreur squelettique de ceux qu'il a croisés, par l'absence totale de restaurants, et par l'absence tragique de victuailles sur les étals des supermarchés. Ceux qui ont pénétré dans les bureaux des gratte-ciel de Wall Street, eux, ont pu noter cette curieuse propension des financiers américains à se rouler par terre au milieu de billets de cent dollars éparpillés sur le sol. Mais encore ?

Moore fait un éloge des Noirs. Ils ont, selon lui, toutes les vertus concevables et celles qui restent à concevoir. Les Blancs, au contraire, ont tous les vices puisqu'ils ont « passé leur temps à tuer », à « inventer des produits toxiques », à exploiter les autres, et continuent à opprimer les Noirs qui n'ont jamais (jamais, vous dit Moore) accès aux plus hautes sphères de la société américaine. Une seule exception : Louis Farrakhan (dirigeant de The Nation of Islam et dénonciateur de *hymies*[1]), que Moore cite, vraisemblablement, parce qu'il dirige The Nation of Islam et qu'il dénonce les *hymies*. Des gens comme Clarence Thomas, Colin Powell ou Condi Rice sont, pour Moore, infréquentables et il les traite d'« oncles Tom obscènes ». Moore ajoute un avertissement aux Blancs et un conseil aux Noirs. L'avertissement aux Blancs : « Nous avons intérêt à être vigilants pour le jour où les victimes de notre avidité et de notre racisme nous demanderont des comptes. » Le conseil aux Noirs : pour n'être pas agressés par « les policiers racistes » quand vous êtes en voiture, posez à côté de vous une poupée gonflable blanche, et pour n'être pas traités de voleurs au supermarché, « faites vos courses sur Internet ». En somme : justification des violences présentes ou futures faites aux Blancs, car ils sont globale-

1. Terme péjoratif et raciste désignant les juifs.

ment des « oppresseurs » ; affirmation que la police américaine est essentiellement raciste, tout comme les Blancs qui fréquentent les supermarchés. Pas la moindre démonstration, bien sûr.

Mais encore, disais-je...

La description des États-Unis comme un « pays de crétins » qui, ayant porté à leur tête un « crétin », « font tout pour rester dans l'ignorance la plus noire », et qui « ne devraient pas avoir le droit de régner sur le reste de l'humanité ». Le « pays le plus stupide du monde », précise Moore. « Quarante-quatre millions d'analphabètes fonctionnels. » Le chiffre que cite Moore, mais il ne le dit pas, inclut les immigrants de la première génération, qui ne maîtrisent pas encore l'anglais, et les malvoyants. Moore veut-il dire que les immigrants sont des crétins particulièrement difficiles à sortir du crétinisme, et les malvoyants des dégénérés de la matière grise ? À le lire et à voir la façon dont il utilise les chiffres, on pourrait le croire.

Pour montrer l'imbécillité de la plupart des Américains, sauf lui, Moore cite un commentateur conservateur appelé Fred Barnes, évoquant à la télévision l'*Iliade* et l'*Odyssée*. Moore ajoute que Barnes ne sait pas ce que sont l'*Iliade* et l'*Odyssée*, et qu'il en a la preuve : il a téléphoné à Barnes et celui-ci n'a pu lui répondre. Les faits obligent à dire que Barnes a fréquenté l'université plus longtemps que Moore (ce qui n'est pas difficile) et y a même étudié les lettres classiques, qu'il connaît donc bien la littérature grecque ancienne, et que Moore ne lui a jamais téléphoné. Un mensonge, ajouté à un mensonge et à un autre mensonge digne d'un mythomane, ne fait pas une vérité.

Encore ?

Un passage destiné à consoler les cancres et décrivant le lycée, en soi et quel qu'il soit, comme « une institution punitive, sadique et perverse, organisée par des adultes pleins de ressentiment ».

Un autre disant que « les établissements scolaires américains tombent littéralement en ruine », et que la réponse unique apportée, ce sont des « partenariat avec des entreprises privées », qui débouchent sur l'« invasion publicitaire de l'espace scolaire » et la transformation de celui-ci en « dictatures totalitaires ». Faites attention aux émanations de ressentiment si vous avez le malheur de passer à proximité d'un lycée américain, et surtout, faites attention aux éboulements : les ruines s'effondrent parfois. Par ailleurs, tous ceux qui ont vu de leurs propres yeux un pays totalitaire ont pu constater cette caractéristique qui ne trompe pas : l'omniprésence de publicité pour des entreprises privées. Lorsque je me rendais à Berlin au temps du Mur, c'est à ce genre de détails que je voyais que j'étais passé à l'Est. Berlin Ouest : des murs uniformément gris, sans une once de publicité. Berlin Est, derrière l'ombre des *vopos* : des néons, des affiches criardes vantant Coca-Cola, McDonald's ou General Motors...

Encore ?

Dans une harangue sur la nécessité de « sauver la planète », Moore affirme :

« Près de la moitié de la pollution qui se balade dans l'atmosphère provient des saloperies que recrache votre pot d'échappement. »

« Nous nous rapprochons dangereusement de la catastrophe, à moins que nous ne trouvions un moyen de freiner le réchauffement global. »

« En juillet 2001, Bush avait réussi à scandaliser ses partenaires en rejetant le protocole de Kyoto. »

« La fonte des glaces polaires pourrait faire monter d'une dizaine de mètres les océans. »

Un passage sur la culture sudiste qui, selon Moore, domine désormais les États-Unis à cause du fréon et de la climatisation qui permettent de vivre agréablement dans les régions chaudes.

Un autre sur la maladie de la vache folle, « pire que le sida », engendrée par des créatures que « vous ne pouvez pas tuer, car ce ne sont pas des êtres vivants ».

L'affirmation selon laquelle la moitié de la pollution atmosphérique provient des véhicules automobiles n'a pas le moindre fondement, tout comme l'affirmation sur la fonte des glaces ou sur la montée des océans (voir l'appendice en fin d'ouvrage). Le protocole de Kyoto a été refusé par le Congrès américain dès 1997, sous Clinton, et la Constitution stipule jusqu'à ce jour et depuis 1788 que c'est le Congrès qui ratifie les traités. On voit comme une flagrante évidence que la maladie de la vache folle s'est révélée au fil du temps « pire que le sida ». Quant aux « créatures » suscitant la maladie, leur description vaudrait à Moore un zéro pointé en cours de biologie. Poursuivant la démonstration de son ignorance en biologie, Moore affirme que « les prions sont immortels », que « brûler les vaches folles ne fait pas disparaître le problème », et que, par contre, « faire cuire » un steak jusqu'à ce qu'il soit « carbonisé » offre une « chance de s'en tirer ». Là, ce n'est pas seulement pour la santé mentale que Moore est un danger public, c'est aussi pour la santé physique de ceux qui le lisent : les prions ne sont pas immortels, ce sont des protéines. La combustion les détruit. Cuire de la viande ne détruit pas les protéines, même si la cuisson est longue. La lecture de Moore peut nuire gravement au bien-être de ceux qui s'y aventurent. L'idée de dissémination de la culture du Sud grâce au fréon, elle, relève de l'élucubration la plus totale. Plus c'est gros, mieux ça passe, dit la vieille expression, et Moore n'est réputé ni pour sa minceur ni sa finesse. Pourquoi ne pas suggérer que la culture « nordiste » a pu exister grâce au poêle à charbon et à la pure laine vierge ? Qui a analysé les conséquences de l'emploi de la laine et du charbon sur la pensée des politologues et des philosophes qui ont vécu là où il existe une saison hivernale ?

Encore ? Un passage aussi féroce envers la gent masculine que l'était le passage plus haut cité sur les Noirs. « Citez-moi une femme à qui serait venue l'idée d'exterminer une race entière d'êtres humains » ; « les hommes sont devenus des poids morts, des bons à rien » ; « les femmes sont d'une beauté stupéfiante ». Des paroles d'une profondeur philosophique à couper le souffle. Et la découverte que Moore ne déteste pas seulement tous les Blancs, mais qu'il déteste, en plus, tous les hommes. Pour trouver grâce aux yeux de Moore : être une femme noire. Et encore, vu ce qu'il pense des femmes noires telles que Condi Rice, être une femme noire de gauche ou d'extrême gauche, de préférence pauvre et au chômage.

Avoir des enfants qui se droguent est une option souhaitable, mais pas nécessairement requise.

Ensuite ?

Un retour sur George W. Bush, accusé d'avoir inauguré une « nouvelle guerre froide avec la Chine » et d'avoir remis en question les accords internationaux sur les droits de l'homme, « ce qui a entraîné l'expulsion des États-Unis de la Commission des droits de l'homme de l'ONU ».

Une expectoration, en passant, contre les « méfaits de nos multinationales dans le tiers-monde », qui « distribuent à bon marché des produits reconnus comme toxiques aux États-Unis ».

Faut-il dire, je vais y revenir, que les propos de Moore sur un incident qui concernait la Chine, sur l'administration Bush et les accords sur les droits de l'homme ou sur la distribution de produits toxiques par les États-Unis dans le monde pauvre se situent entre le fantasme et la falsification ? « Un avion espion américain avait abattu un avion chinois et son pilote », dit Moore : en fait, un avion américain lourd et lent a été forcé d'atterrir en Chine par des avions de chasse bien plus rapides, et son équipage, pris en otage. Pour Moore, des Américains pris en otages sont des coupables, et les preneurs d'otages, des victimes, puisqu'ils sont au service d'un gouvernement dictatorial de gauche.

Les accords sur les droits de l'homme dont parle Moore émanent de la Commission des droits de l'homme de l'ONU, où siègent des pays exemplairement démocratiques comme la Libye ou le Soudan et, c'est vrai, les États-Unis ne respectent pas les droits de l'homme tels que définis par la Libye et le Soudan. L'Europe non plus, d'ailleurs. La conception que Moore semble avoir des droits de l'homme ici serait tout à fait compatible avec les massacres génocidaires commis au Darfour. Si les droits de l'homme ainsi conçus étaient plus largement « respectés », on peut imaginer aisément les résultats, mais, sans doute, qu'importe à Moore, puisqu'il semble détester fondamentalement l'être humain...

Ensuite ? Quelques affirmations en vrac. « Les 4 % d'habitants les plus arrogants de la planète ne devraient pas posséder plus du quart des richesses du globe. » Moore décidément ne comprend pas que la richesse se crée. Marx lui-même, il y a cent vingt ans, n'aurait pas osé prononcer, concernant la richesse, des affirmations aussi médiocres et aussi proches du degré zéro de l'intelligence.

Les Russes, par l'intermédiaire de Gorbatchev, ont proposé de « mettre toutes les armes nucléaires au pilon », et les États-Unis, obsédés par le bellicisme, n'ont pas saisi la main « généreusement » tendue. Moore pratique là l'aveuglement volontaire et semble ignorer que, sous Gorbatchev, les dépenses militaires soviétiques se sont démultipliées, et que Gorbatchev a fait des propositions de désarmement aux États-Unis lorsqu'il a discerné que l'Union soviétique était au bord du dépôt de bilan et qu'il voulait tenter de sauver ce qui pouvait encore l'être. Il oublie aussi que, bien avant Gorbatchev, Reagan a parlé de désarmement et d'abolition de l'arme nucléaire. Pourquoi Moore devrait-il se souvenir d'un Président qui accumulait les tares puisqu'il était blanc, républicain et américain, et ne pas attribuer les propositions et les actes de ce président taré à un président nécessairement génial, puisque son seul défaut est d'être blanc, mais qu'il n'est ni républicain ni américain ?

« Les 250 milliards de dollars que le Pentagone entend consacrer en 2001 à la construction de 2 800 avions de combat Joint Strike Fighter suffiraient à payer les frais d'éducation de tous les étudiants américains de premier cycle. »

« L'augmentation du budget militaire pour les quatre prochaines années sera de 1 600 milliards de dollars ; la somme nécessaire pour rénover l'ensemble des établissements scolaires serait de 110 milliards. »

Faut-il le dire une fois de plus ? Tous les chiffres énoncés sont faux, et d'aucuns pourraient soupçonner Moore de les avoir inventés. L'équivalence posée entre éducation et défense est un vieux classique de la propagande léniniste, aussi vieux que la momie de Lénine. Pour utiliser ce classique, suivez la recette : jetez des chiffres au hasard, accolez-leur les mots « éducation » ou « scolarité », posez dessus de très gros chiffres accolés au mot « défense » ou « armes », attendez les cris indignés. Ne dites jamais qu'un pays peut être attaqué, avoir des ennemis et devoir se défendre, car c'est évident, il n'y a que des gentils très gentils partout sur terre, sauf à la Maison-Blanche.

Ensuite ?

La Russie n'a pas été reconstruite après la chute de l'Union soviétique parce que les Russes n'avaient « pas envie de transformer leur pays en colonie de travail forcé au service des multinationales américaines ». Et effectivement, il n'y a pas de multinationales, pas de travail forcé, et partout en Russie, une liberté et une prospérité équitablement partagées qui font plaisir à voir.

L'Union soviétique a imposé sa domination à de nombreux pays avec lesquels elle partageait une frontière « pour se prémunir contre toute agression ultérieure ». C'est donc parce qu'elle avait peur d'être agressée que l'Union soviétique a asservi si longtemps la Pologne, la Roumanie, la Hongrie, l'Allemagne de l'Est et tous les pays tombés du mauvais côté du « rideau de fer ». Brejnev aurait aimé avoir un ami compatissant comme Michael Moore.

Les États-Unis, Moore ne le dira jamais assez, sont « un pays de bons à rien et d'escrocs désireux de rester aussi allègrement ignorants que possible de ce qui se passe au-delà de la pelouse de leur pavillon de banlieue ».

Les États-Unis – qui en aurait douté un seul centième de seconde ? – sont, dit Moore, le numéro un mondial de la « pauvreté infantile » : loin, très loin, vraisemblablement, devant le Soudan ou la Sierra Leone.

Les États-Unis sont aussi, ajoute Moore, numéro un mondial du refus de ratification des accords internationaux sur les droits de l'homme. Fidel Castro, Kim Jong-il et Ahmadinejad sont nettement détrônés, ce qui doit les laisser dépités.

Inutile de dire que, pour Moore, les États-Unis sont aussi le principal pollueur de la planète : il n'est pas du tout, pour le coup, le seul à l'affirmer ou à l'écrire. Et là encore, une fois de plus, je trouve que Moore manque d'imagination. Il aurait pu dire, pour résumer, que les États-Unis sont le pays numéro un en matière de crimes contre l'humanité depuis que l'être humain existe sur terre, que les États-Unis sont la menace numéro un pour la survie de l'espèce humaine sur terre. Il aurait pu en venir plus rapidement à la conclusion logique : l'objectif numéro un pour la survie de l'humanité devrait être la destruction totale et sans restes des États-Unis. Ne seraient épargnés que les femmes noires pauvres à qui Moore a trouvé des excuses, même lorsqu'elles sont américaines, et Moore lui-même, qui pourrait recevoir alors le titre de bienfaiteur de l'humanité pour avoir incité à agir contre un fléau qui n'aurait que trop duré.

Comme si tout cela ne suffisait pas, Moore se met en

tête de proposer ses « solutions » aux problèmes internationaux les plus brûlants, et le moins qu'on puisse en dire est qu'elles ressemblent à des brûlures supplémentaires.

Passons sur la proposition de résolution du conflit d'Irlande du Nord par la conversion des « protestants au catholicisme » ou sur les suggestions pour adoucir l'oppression en Corée du Nord : « améliorer la cinémathèque » de Kim Jong-il. Moore fait le clown, une fois de plus, avec des sujets sérieux. Si Moore se contentait de faire le clown, ce ne serait pas bien grave.

Abordons plutôt un sujet plus délicat et considérablement plus sensible : le Proche-Orient. Procédant comme les antisémites qui ont leurs « bons juifs », Moore commence par prendre ses précautions en disant qu'il déteste l'antisémitisme. Promis. Juré.

Mais à peine a-t-il fini de promettre et de jurer, qu'il révèle le fond de sa pensée.

Les juifs, ça va. Mais s'ils sont israéliens, alors...

Les actes de violence les plus extrêmes à leur égard sont très compréhensibles : avoir « obligé des êtres humains à vivre dans de telles conditions et ce à la pointe du fusil et pendant plus de quarante ans » justifie tout, ou presque.

Les Palestiniens subissent « l'oppression des massacres, et des conditions d'apartheid qui sont la norme dans les territoires occupés depuis quarante ans ». « Leurs domiciles sont rasés, leurs terres leur sont confisquées [...] Leurs enfants sont assassinés, parfois pour s'être trouvés dans la rue au mauvais moment. » « Les Palestiniens tuent [...] C'est en général ce que font les peuples soumis à la violence de l'oppression – ils ripostent et font violence à leurs oppresseurs. »

Pas un mot sur les multiples guerres subies par Israël au cours des six dernières décennies, et pas un mot non plus sur les multiples occasions offertes de créer un État palestinien, dès 1948, et refusées par la partie arabe. Pas un mot sur les responsabilités multiples dans les conditions de vie des Palestiniens au fil du temps. Un seul coupable, un seul responsable : le juif israélien. Quelle lecture subtile de l'histoire du Proche-Orient !

Après avoir fortement suggéré que les États-Unis devraient interrompre toute aide à Israël, Moore propose aux dirigeants palestiniens de passer à la non-violence et à la grève générale : « Refusez de travailler pour les Israéliens... Leur économie est fondée sur l'exploitation quasi esclavagiste de votre force de travail. » « Vous êtes largement plus nombreux que ceux qui veulent vous jeter à la mer », ajoute-t-il.

L'économie israélienne fonctionne désormais sans main-d'œuvre palestinienne en raison des craintes d'attentats. La force de travail palestinienne n'est plus « exploitée » par les Israéliens. Elle n'est exploitée par personne. Comme chacun peut le voir : faute d'esclaves, l'économie israélienne s'est effondrée, et les Palestiniens libérés de l'esclavage peuvent donner libre cours à leur esprit d'entreprise. Par ailleurs, tous les textes montrent que ce sont les Arabes qui ont eu l'obsession de jeter les juifs à la mer, et non l'inverse, mais Moore dirait, je n'en doute pas, que ce sont les juifs qui ont glissé aux oreilles des Arabes des slogans antisémites, pour le simple plaisir d'opprimer des Arabes. Tels sont les juifs israéliens selon Moore : fourbes jusqu'au bout des ongles.

Les Israéliens « ne lâcheront pas prise tant que le reste du monde ne les aura pas anéantis jusqu'au dernier », note même Moore.

Craignant d'être allé trop loin, il ajoute en fin de paragraphe que s'il s'agit d'exterminer tous les juifs, là, il sera résolument contre. Merci de votre générosité magnanime, Michael Moore.

« Hommes blancs stupides » n'est rien donc qu'une longue vomissure pour amateurs du genre, une interminable imprécation hâtive, approximative, mensongère, une série de tracts pour militant gauchiste attardé en quête d'aboiements et de refus de la connaissance. Il y a tant d'imbécillités fausses de page en page que j'ai laissé l'essentiel des réfutations en notes en fin d'ouvrage.

Ce qui est consternant et ce qui provoque le malaise, c'est de constater qu'il en reste quelque chose. Des traces sordides et sales dans les esprits, et même quelquefois dans des esprits qui se disent éclairés et clairvoyants.

Avec ce livre, Moore, en tout cas, va plus loin qu'il n'est jamais allé, plus loin même que dans *Bowling for Columbine*.

Désormais pour lui, les faits, l'histoire, les documents ne comptent plus du tout. Il ne reste que la falsification, uniquement la falsification.

Dès lors que le mépris absolu de la réalité et le recours désormais systématique à la vomissure lui permettront d'élargir encore son public, Moore n'aura plus la moindre retenue.

Il ne respectait déjà rien ni personne. Il s'émancipera de tout reste de respect.

Il avait glissé vers la position de grand imprécateur. Il ne sera plus que cela : un grand imprécateur boursouflé de fiel, de poisons, de décoctions vénéneuses.

La bave est désormais davantage que visible : elle dégouline et s'épand de librairie en librairie, de salle de spectacle en salle de spectacle.

Le visage d'horreur devient très apparent.

Il y a, hélas, des amateurs pour cela.

Et, hélas encore, ce n'est pas fini. Très loin de là.

Le pire reste à venir.

Dans *Bowling for Columbine*, Moore a effleuré les attentats du 11 septembre et l'élection de Bush. Dans « Hommes blancs stupides », il en a dit davantage et il y a eu un public, des amateurs du genre, disais-je...

Moore peut avancer encore.

6. Cent six degrés Fahrenheit. Mort cérébrale

Fahrenheit 9/11 sortira en salle en 2004. Ce sera, pour Moore, une sorte d'apothéose. Dans l'intervalle, il aura publié, en 2003, un troisième livre où se trouvent déjà contenus la plupart des arguments développés dans le film : *Dude, Where's My Country ?* (en français : *Tous aux abris*).

Moore bénéficie pleinement du succès de *Bowling for Columbine.* Il se présente et s'affirme comme le « héros » qui combat tout ce que Bush incarne, le grand démonteur de mythes et d'impostures, celui qui ose dire que le danger terroriste n'existe pas et qu'il n'y a dans tout cela qu'une grande manipulation destinée à faire la guerre et à détruire la liberté.

Il a aussi subi des attaques. *Bowling for Columbine* lui a valu de graves mises en cause. De la part d'auteurs conservateurs, mais aussi de la part de journalistes de gauche pour qui les façons de faire de Moore sont particulièrement insupportables.

En recevant l'Oscar qui lui a été décerné pour *Bowling for Columbine*, le fait qu'il se soit lancé dans une diatribe politique lui a valu de partir de manière précipitée sous les huées de l'auditoire.

Dude, Where's My Country ? comporte une dimension de riposte, une façon de jeter le soupçon sur ceux qui ont émis des doutes à l'égard de Moore, méthode qu'il avait déjà utilisée dans le passé, mais pas à cette échelle.

Moore est-il accusé de mentir ? Tous ceux qui l'incriminent seront donc des menteurs, des pourris, des vendus, des « mauviettes ». Moore est-il accusé de falsifier ? Les falsificateurs seront ceux qui prononcent des accusations à son égard. Et, tout en prétendant ne voir nulle part l'ombre de comploteurs, Moore décrit une machination, des dissimulations, un mécanisme effrayant qui serait à l'œuvre et que lui, Moore, serait le seul ou presque à oser dénoncer. Les accusations à son égard font, selon lui, partie intégrante du mécanisme.

Moore construit ainsi un jeu de miroirs pervers où il tente de désamorcer toute attaque ultérieure en attaquant préventivement. S'il est attaqué, ce ne peut être que par des gens abominables de bêtise ou de bassesse ; ce ne peut être que par les complices d'une menace désormais clairement présentée comme bien plus grave que celle du capitalisme mondialisé, du crétinisme et du bellicisme américains : celle d'une déstabilisation à l'échelle planétaire fomentée depuis la Maison-Blanche.

Et Moore va trouver un public, encore une fois.

Depuis longtemps, à chaque fois qu'un républicain est président des États-Unis, des marques d'irritation et de détestation parcourent la gauche et l'extrême gauche mondiales dans leurs diverses composantes. À celles-ci est venu s'ajouter un « pacifisme » nouveau, postsoviétique, ancré dans la nébuleuse opaque d'un altermondialisme, dans lequel se sont mêlés les opposants du capitalisme transnational et les nationalistes tiers-mondistes, les écologistes radicaux et les islamistes. Et enfin, ceux pour qui « aucun avion ne s'est écrasé sur le Pentagone » et qui pensent que le terrorisme n'existe pas ou n'est qu'un acte de « résistance » des pauvres et des « opprimés ».

Moore va user de l'irritation et de la détestation ambiantes. Il va aussi fédérer les divers éléments de cette nébuleuse en leur offrant le grand Coupable, la grande Cause de tous les maux. Le grand Déstabilisateur. Le vrai Criminel. Le Terroriste absolu.

Il va ainsi devenir l'artisan par excellence de la haine irrationnelle, viscérale, sans retenue qui va s'emparer de toute la nébuleuse. Il va être celui qui aura jeté le soupçon, semé le doute et la rumeur, transmis de fausses preuves, mis en place les pièces constitutives d'une sorte de « protocole des sages de Bush » qui semblera parfois, à bien y regarder, l'ombre portée des abominables *Protocoles des sages de Sion.*

Moore s'installera au cœur immonde de la transformation du choc du 11 septembre, qui a marqué l'entrée du monde dans l'âge de l'hyperterrorisme, en un « contre-choc » du 11 septembre où c'est l'Amérique attaquée, mutilée, meurtrie, qui sera bientôt présentée comme démoniaque et coupable de tout. Moore va avoir une très lourde part de responsabilité dans ce qui fera de George Walker Bush le président des États-Unis le plus détesté et le plus méprisé des temps modernes. Il va jouer un rôle crucial dans la perte générale de repères en mille points du monde au sujet de la guerre déclarée par l'islam radical à toutes les sociétés civilisées, et si aucun attentat-suicide ne peut être considéré comme étant de la responsabilité directe de Moore, le dédain avec lequel on parle des attentats-suicides aujourd'hui dans le monde occidental lui doit beaucoup.

Moore va brouiller le message de la doctrine Bush et le rendre largement inaudible. Il va préparer le terrain à l'opprobre qui tombera peu à peu sur le discours néoconservateur. En bonne partie à cause de lui, des discours qui parlaient de démocratie, de droits des êtres humains et de liberté se trouveront caricaturés et traînés dans la fange comme s'ils étaient des discours inquiétants, voire fascisants, et des discours totalitaires et fanatiques seront reçus comme s'ils parlaient de démocratie, de droits et de liberté.

Moore ne dénoncera jamais le néoconservatisme comme un complot juif ; mais en ayant fortement suggéré qu'il y avait là quelque chose qui n'était pas un complot mais qui y ressemblait néanmoins, il a préparé un terrain fertile en discours malsains de tous ordres, où gauchisme et islamisme vont venir se mélanger aux pires fumets de l'extrême droite antisémite.

Je citais plus haut *Le Monde selon Bush* de William Karel et *La Guerre des Bush* d'Éric Laurent. Force est de constater que les allégations de Karel et de Laurent recoupent en de nombreux points celles que Moore profère, et aussi que l'ombre portée de Moore donnera aux allégations de Karel et de Laurent, dans le contexte français, une aura de crédibilité. Une allégation s'ajoutant à une allégation, cela ne fait pas une preuve, mais cela installe dans les têtes un bruit insistant qui finit par ressembler à une évidence. D'autant plus que, à chaque fois, il y a l'apparence du travail d'enquête et des fragments d'interviews. J'aurais pu citer *L'Effroyable imposture* de Thierry Meyssan. Moore ne dit pas ce que dira Meyssan, bien sûr. Je parlais seulement de terrain fertile, et le terrain fertile sera là, très présent. Il en reste des miasmes dans l'atmosphère, des réflexes pavloviens.

Dude, Where's My Country commence, dans l'édition française, par un hommage à la France et aux Français. « Vous m'avez vraiment gâté », dit Moore. « Je suis immensément reconnaissant de ce succès parce que ça veut dire que je peux désormais publier et tourner tout ce que je souhaite. » Et c'est un fait que les hommages répétés, en France, à *Bowling for Columbine* ont beaucoup aidé Moore et ont contribué à ce que, malgré les multiples entailles infligées à sa crédibilité par des intellectuels et critiques américains, il garde un public dans son propre pays.

Le livre se poursuit par l'instillation du soupçon, la mise au jour de la « machination » qui sous-tend, suggère-t-il, les attentats du 11 septembre et ce qui les suivra. Moore parle de « faits, d'interrogations, d'accusations » d'une extrême « gravité », et il inonde le lecteur de références sous formes de notes en bas de page. Cela ressemble à une enquête, mais cela s'arrête à la ressemblance. Comme toujours avec Moore. Ce dont il est question étant ce qu'on retrouvera dans

Fahrenheit 9/11, j'en traiterai plus loin, lorsque je parlerai du film. L'instillation du soupçon continue dans un second chapitre consacré à la guerre en Irak et aux « mensonges » conjoints à ce sujet du gouvernement Bush et des médias américains. Là encore, ce dont il est question se retrouvera dans *Fahrenheit 9/11* et j'en traiterai plus loin. Le critère employé par Moore est très simple : il y a d'un côté les bons, les « antiguerre », et d'un autre côté les mauvais, les crapules, les achetés, les « proguerre ». Moore prétendant avoir montré qu'il n'y avait aucune justification à une intervention militaire, le simple fait de relater cette intervention elle-même devient à ses yeux un discours « pro-guerre ». Tous les journalistes sur le terrain deviennent ainsi, aux yeux de Moore, des complices, y compris ceux de journaux de gauche comme le *New York Times*.

La suite du livre permet à Moore de traiter Bush d'« enfoiré », de dire que les Américains gaspillent les ressources de la planète et sont « gavés de Prozac et de télévision par câble ». Il explique à ceux qui n'auraient toujours pas compris qu'« il n'y a pas de menace terroriste », qu'il n'y en a jamais eu, que le gouvernement américain, tombé aux mains d'une « petite clique d'extrême droite », a une « ambition démesurée de dominer le monde ».

Moore ajoute que « la menace terroriste est généralement une menace domestique » (il ne dit pas que les dix-neuf auteurs des attentats du 11 septembre étaient des touristes innocents injustement accusés, alors que les vrais coupables étaient des Blancs américains chrétiens, membres de la NRA, mais on n'en est pas loin). Il souligne que ce n'est pas bien d'accuser Ben Laden d'être un islamiste : il faudrait dire que c'est un « milliardaire » et arrêter de l'incriminer pour autre chose. Il rappelle que les plus grands terroristes sont les « terroristes du capital qui ont subtilisé nos retraites, détruit notre environnement, pillé d'irremplaçables réserves d'énergie fossile au nom du profit ». C'est beau comme du Arlette Laguiller dans le texte. Plus loin : « Comment stopper le terrorisme ? En cessant d'être terroristes », car, c'est une évidence, seuls les blancs Américains sont des terroristes, surtout s'ils sont capitalistes.

« Vous voulez combattre le mal ?... Allez terrasser le dragon qui occupe la Maison-Blanche. » Autrement dit : débarrassez-vous de Bush, qui incarne le Mal sur terre, et régneront la paix, l'harmonie et la sérénité.

« Le plus grand succès de la guerre contre le terrorisme, c'est peut-être d'avoir réussi à nous faire oublier la guerre que les patrons mènent contre le peuple américain. » Au point où il en est, je ne vois pas pourquoi Moore a reculé et n'a pas parlé de la guerre que mènent les patrons américains contre le reste de l'humanité qu'ils rêvent d'exterminer. Ce sera, sans doute, pour un prochain livre.

Moore tente d'expliquer, ensuite, que l'Amérique est « de gauche », en procédant à une utilisation plus qu'approximative de sondages : cela quelques dizaines de pages seulement après avoir traité les Américains d'être un peuple d'« abrutis ». Doit-on en déduire que la pensée de Moore consiste à dire que les Américains sont « de gauche » parce qu'ils sont « abrutis » ? Aucune explication n'est fournie à ce sujet.

À lire Moore, être de gauche, c'est ne pas être raciste (ce qui veut dire que, pour Moore, tous les gens qui ne se définissent pas comme « de gauche » sont racistes). À le lire encore, penser que « les récents scandales économiques et financiers sont dus à l'immoralité des dirigeants des entreprises concernées », c'est être de gauche à nouveau (ce qui sous-entend que ceux qui ne sont pas de gauche trouvent très moral que des dirigeants d'entreprise truquent les comptes et détournent des fonds). À poursuivre la lecture, on discerne que Moore pense que quiconque n'est pas de gauche est un égoïste, un ignorant, un abruti complet que quelques lueurs d'intelligence de gauche peuvent faire évoluer vers la lumière.

Le livre se conclut sur l'espoir d'une défaite de Bush en novembre 2004. « Quatre ans de plus ? Je ne pourrais même pas supporter Bush quatre minutes de plus », écrit Moore. Trois ans après la réélection de Bush, et des milliers de minutes après l'écriture de cette phrase, on peut se demander comment il se fait que Moore soit toujours vivant et toujours sur le territoire américain. Envisage-t-il toujours de soutenir la candidature d'Oprah Winfrey ou de Tom Hanks à la présidence en remplacement de Bush ? Puisqu'il semblait parler sérieusement, songera-t-il, pour l'échéance 2008, à faire appel à d'autres penseurs profonds et stratèges lucides ? Songera-t-il à se présenter lui-même ? Dès lors que, dans un des textes du livre, Moore se met à la place de Dieu pour parler de l'Amérique et du monde, on peut se douter de la réponse : Moore ne pourrait se présenter à la présidence. Même si, dit-il, les Américains sont « de gauche », ce n'en sont pas moins des « abrutis », et des « abrutis » ne pourraient pas voter pour un être aussi extraordinaire que Moore. Et puis, la présidence, quelle déchéance ce serait pour Moore ! Seule la position de Dieu pourrait convenir à Moore. Ou s'il ne peut être Dieu, celle de prophète, éventuellement.

Comme s'il était Dieu, Moore, en tout cas, recrée la réalité à sa guise et affirme que sa création est la réalité. Comme un faux prophète, il affirme que ses falsifications et ses slogans sommaires sont des vérités.

Il substitue au choc du 11 septembre un « contre-choc », disais-je. Il présente l'Amérique mutilée, meurtrie comme démoniaque et Bush comme un démon. Il détruit les repères, brouille les messages, parle de machination.

Fahrenheit 9/11, qui vient après le livre, sera, jusqu'à ce jour, le film le plus pervers, le plus biaisé, le plus odieux qu'ait fabriqué Moore. Et le mot de fabrication me semble convenir. *Make up*, dit-on en anglais lorsque la fabrication relève de l'élaboration d'un alibi ou d'un faux témoignage. Le mot désigne aussi le maquillage, l'affabulation.

Bien davantage que d'un film, il faudrait, avec *Fahrenheit 9/11*, parler de mauvaise action, de forfait, de crime dont on ressent encore les répercussions.

« Certains films sont si nocifs et nauséabonds qu'ils impliquent un traitement de choc », écrivais-je plus haut avec dégoût.

Fahrenheit 9/11 pourrait être décrit maintenant, ici, comme bien davantage que nocif et bien plus que nauséabond, si l'on accepte de partir du fait que nous sommes dans une ère où le terrorisme existe bel et bien et constitue effectivement un danger. *Fahrenheit 9/11* pourrait être décrit comme un rideau de fumée destiné à brouiller les pistes, un appel au désarmement moral, intellectuel et militaire face au terrorisme, une aide concrète apportée à la cause du terrorisme islamiste. Il pourrait être décrit comme une façon d'uriner, non seulement sur la mémoire des victimes du 11 septembre aux États-Unis, mais aussi sur celle des victimes de Bali, de Londres, de Tel-Aviv, de Madrid, en tant d'endroits d'Algérie, du Maroc, d'Irak, d'Égypte.

« Soixante falsifications en deux heures de temps », disais-je encore. Et on peut compter, en fait, plus de soixante mensonges dans le film.

Au moment de la sortie en salle aux États-Unis, Christopher Hitchens, journaliste de gauche, écrivait : « Parler du film comme d'un déchet ferait courir le risque de ne jamais élever le discours au-dessus du niveau de l'excrémentiel. En parler comme d'un exercice de basse démagogie serait trop évident. *Fahren-*

heit 9/11 est une sinistre démonstration de frivolité morale déguisée à la hâte en travail sérieux. C'est aussi un spectacle de lâcheté politique abjecte prenant la pose de la bravoure et de la dissidence. »

En France, l'accueil sera très différent. *Bowling for Columbine* avait reçu le prix spécial du jury à Cannes et une longue ovation debout ; *Fahrenheit* recevra la Palme d'or et une ovation plus longue encore. Quinze minutes au moins.

La critique, souvent élogieuse jusqu'à être dithyrambique (« œuvre salvatrice », « pamphlet efficace et sans compromis », « brulôt qui confirme ce qu'on n'osait croire ») se teintera parfois de réserves : « Le pamphlet vire parfois à la propagande. » « À force d'amalgames, de simplifications et de raccourcis, Moore se met dans la même position d'accusé que sa cible. » « Le film réduit des décennies de politique étrangère américaine à un dessin animé en noir et blanc qui fait porter toute la responsabilité à une famille. »

Le fond du propos, la malhonnêteté essentielle de l'ensemble ne seront pas incriminés et ne l'ont pas été jusqu'à ce jour. C'est ce qui reste à faire, et c'est ce qui *me* reste à faire.

Aux États-Unis, la sortie de *Fahrenheit 9/11* a suscité plusieurs films de réfutation. L'un de ces films s'appelait *Celsius 41.11. The temperature at which the brain begins to die*. Le sous-titre donne ainsi l'explication : *Fahrenheit 9/11* amorce symboliquement la mort cérébrale.

Le titre de ce film de réfutation me semble pertinent. *Fahrenheit 9/11* ne cherche pas à tuer physiquement – encore que la destruction des repères qu'il cherche à susciter ait pu, et puisse encore, faire des morts. Mais *Fahrenheit 9/11* cherche à noyer celui qui le regarde sous un jet continu de désinformation, et celui qui se laisse noyer risque d'en sortir le cerveau saturé jusqu'à l'overdose.

41,11° C, cela fait 106° Fahrenheit. Le cerveau bouillonne métaphoriquement. L'intelligence agonise. Une forme de mort cérébrale se profile.

Il existe des drogués consentants, je sais.

Il existe aussi tous ceux qui se sont trouvés drogués contre leur gré.

La perfidie et l'intensité en termes d'infamie de *Fahrenheit 9/11* impliquent d'y consacrer tout un chapitre.

7. Dissection d'un film

Ce serait donc un film. Ce serait diffusé en salle par une entreprise capitaliste parce que cela rapporte beaucoup d'argent, mais ce serait digne d'un prix Lénine si l'Union soviétique existait encore. Allez : disons même que ce serait digne d'un prix Staline s'il y en avait eu un avant la mort de Joseph Djougachvili.

Ce serait américain, mais le pire ennemi de l'Amérique n'aurait pas rêvé disposer un jour d'un produit pareil. Ce serait de la propagande, mais de la propagande élaborée subtilement, avec des milliers de documents, et un art consommé pour les accoler, les inciser, les coller et les recoller qui permet de faire de l'absolument faux avec des fragments de vrai.

Ce serait diffusé avec des commentaires explicatifs apparemment sérieux et même, en version DVD, avec des conseils pour l'utilisation du produit au lycée.

Cela s'appelle donc *Fahrenheit 9/11*. Disons que c'est un film, oui.

Disons que je l'ai vu en salle au moment de sa sortie et que j'en ai eu la nausée. Vraiment. Au plus profond de moi. J'étais bien le seul dans la salle à ressentir cela. Autour de moi, on riait. À la fin, le public s'est levé et a applaudi. Ce n'était pas à Cannes, mais en banlieue parisienne.

J'ai, à l'époque, dénoncé le film, mais c'était en quelques pages seulement, en appendice à l'un de mes livres précédents, et je vois maintenant que ce n'était pas suffisant.

Je vois qu'il fallait décoller ce qui a été collé, pointer les faux raccords et les assemblages méphitiques.

Je vois qu'il fallait être minutieux, déterminé.

Je vois qu'il fallait procéder comme avec un cadavre après un meurtre : disséquer pour expliquer.

Passons à la dissection.

Le film, donc, se divise en plusieurs parties.

Ses parties s'emboîtent les unes dans les autres et entraînent graduellement, savamment, le spectateur vers une forme de délire paranoïde qui est celui de Moore, au terme duquel les États-Unis semblent, à qui se laisse prendre, la proie d'un projet démoniaque qui ferait de ce pays la menace ultime.

Plutôt que de parties, peut-être devrais-je parler de mouvements constitutifs d'un glissement progressif...

Premier mouvement : Moore traite des élections de 2000. Sa thèse, déjà exposée, réexposée, surexposée dans *Stupid White Men* (mais ici appuyée sur l'apparence « objective » que peuvent donner les images d'« actualité ») est que Bush a « volé » la présidence à Al Gore et procédé à ce qui s'apparente à un coup d'État.

Images du film : on tire un feu d'artifice. Gore apparaît sur une scène où il fait la fête en compagnie de quelques stars. Derrière la scène, on lit, en lettres lumineuses, « Florida Victory ». Le commentaire parle de « rêve » : « Comme si un miracle s'était produit. » Le spectateur ne peut que penser qu'il s'agit là d'une fête qui a lieu *après* l'élection. C'est faux.

La réalité est qu'il ne s'agit pas d'une fête, mais *d'un fragment de la campagne de Gore filmé avant que l'élection ait eu lieu.* Le soir de l'élection, Gore était rentré chez lui, dans le Tennessee, et n'était pas en Floride. Manipulation mentale, dites-vous ? Disons plutôt : comment, avec des images de campagne, et sans même les modifier, on fait autre chose. Et ce n'est qu'un début.

Images du film : Moore montre des extraits de journaux de CBS et de CNN parlant de la « victoire de Gore ». Il superpose un commentaire : « Tout semblait se passer comme prévu. » Les noms des États qui ont voté Gore défilent sur l'écran, y compris la Floride. Suite du commentaire : « Alors, cette chose appelée Fox News Channel décida que le gagnant des élections, c'était l'autre gars. Et subitement toutes les autres chaînes ont dit : si Fox le dit, c'est forcément vrai. » Suit un plan montrant Tom Brokaw, présentateur de NBC, en train de dire : « Sur toutes les chaînes, on a fait la même erreur, on a placé la Floride dans la colonne d'Al Gore. » Puis Moore encore : « Ce que la plupart des gens ignorent, c'est que le grand patron de la rédaction de la Fox, ce soir-là, celui qui a donné Bush gagnant, n'était autre que le cousin germain de Bush, John Ellis. » Le spectateur est conduit à se dire que toutes les chaînes de télévision, après avoir dit que Gore l'avait emporté en Floride, ont changé de discours au moment exact où Fox News, pour des raisons occultes de népotisme, a « décidé » que la victoire revenait à Bush. C'est faux à nouveau.

La réalité est très différente : toutes les chaînes, *y compris Fox News*, ont d'abord attribué la victoire à Gore en Floride. Et toutes (sauf ABC) l'ont fait *avant* la fermeture de tous les bureaux de vote de Floride. Les premières chaînes à annoncer, après décompte des voix, que la victoire revenait à Bush ont été CNN et CBS, et pas Fox News, qui a évoqué la victoire de Bush en Floride seulement *quatre heures après CNN et CBS*.

Comment une chaîne qui parle de la victoire de Bush *plusieurs heures après les autres* peut-elle avoir donné le ton et influencé les autres chaînes ? Comment peut-elle avoir « décidé » du résultat ? Seul Moore connaît les réponses. Peut-être attribue-t-il des pouvoirs surnaturels au cousin germain de Bush. John Ellis est en tout cas décrété coupable de naissance : simplement parce que sa mère est la tante de George W. Bush.

« Comment est-ce qu'un type comme Bush a pu réussir un coup pareil ? » demande alors Moore. « Comment vous assurer de la victoire ? En vous assurant que la présidente de votre campagne est aussi la personne qui compte les voix. »

Outre l'insinuation de « coup » énoncée arbitrairement, l'affirmation finale est elle aussi mensongère. Katherine Harris, secrétaire de l'État de Floride à l'époque (et coprésidente de la campagne de Bush), a pour fonction officielle d'approuver le décompte des voix. Ce décompte, en Floride comme dans tous les États des États-Unis, est effectué par les commissaires aux élections de chaque canton. *Approuver un décompte déjà effectué et certifié ailleurs n'a rien à voir avec le décompte des voix. Moore le sait.* Il sait aussi que ceux qui voient son film ne savent pas.

Moore reprend ensuite les accusations qu'il a déjà formulées et reformulées concernant la radiation des listes électorales de Floride. Je n'ai nul besoin de procéder là à une seconde réfutation, et l'on pourra se reporter à ce que j'ai écrit plus haut sur le sujet. *Moore, simplement, sait qu'il ment une fois de plus.* Il le sait d'autant mieux qu'il a été pris en faute par divers journalistes lorsqu'il a tenu ce genre de propos auparavant. *Cela ne l'empêche pas de récidiver.*

« L'État a engagé une compagnie aux fins qu'elle élimine les électeurs qui ne vont vraisemblablement pas voter » comme il faut, dit le commentaire. « Vous pouvez en général les reconnaître à la couleur de leur peau. » *Moore sait que les électeurs dont il parle sont les repris de justice et que la loi oblige l'État à procéder à leur radiation, mais il ne le dit pas.* Il sous-entend que les repris de justice voteraient démocrate s'ils le pouvaient, ce qui est peut-être vrai, mais pas démontré, et *il sous-entend aussi que ces mêmes repris de justice sont quasiment tous noirs, ce qui est absolument faux et qui, bien que ce soit énoncé au nom d'un prétendu « antiracisme », pourrait ressembler à de la stigmatisation raciale.*

Quelques autres éléments, maintenant, dans ce qui n'est *que* la première partie du film.

Moore insère en gros plan un « titre » censé figurer en une de l'édition du 19 décembre 2001 d'un journal de Bloomington, Illinois, *The Pantagraph*. Le titre dit : « Le dernier comptage en Floride montre que Gore a gagné l'élection. » *Aucun article du journal concerné n'est jamais paru sous ce « titre »*. On trouve, sous un autre format, une lettre dans le courrier des lecteurs du journal, et la lettre inclut les mots utilisés par Moore, mais *c'est une lettre de lecteur*. Elle figure, qui plus est, dans l'édition du journal datée du 5 décembre 2001, et non dans celle du 19 décembre. L'avocat de *The Pantagraph* a écrit à Michael Moore pour protester et lui demander de procéder à des rectifications aux fins de ne pas « tromper » le public. À ce jour, Moore n'a pas daigné répondre.

Un autre extrait de journal, dont la provenance n'est pas indiquée, est titré : « Gore pourrait avoir gagné le vote en Floride avec un recomptage intégral, dit une étude. » L'étude en question semble être celle que le National Opinion Research Center de l'Université de Chicago a menée pour huit grands médias. Ses résultats ont donné lieu à des articles dont le contenu et les titres auraient pu intéresser Moore, mais qu'il a visiblement préféré dissimuler : « Le recomptage en Floride aurait été en faveur de Bush » *(Washington Post)* ; « Bush aurait encore gagné des voix en cas de nouveau recomptage, montre une étude » *(Los Angeles Times)* ; « Une étude montre que le recomptage va dans le sens de la victoire de Bush » *(Saint Petersburg Times)* ; « L'étude du recomptage : Bush vainqueur » (CNN.com).

Suit un bref extrait d'un entretien avec le juriste Jeffrey Toobin, diffusé sur CNN. Toobin dit : « S'il y avait eu un recomptage global des voix, tous les scénarios indiquent que Gore aurait été déclaré vainqueur. » Toobin continuait en disant que « tous les scénarios » dont il parlait impliqueraient une « façon » de recompter les voix que Gore n'a jamais envisagée, car elle aurait constitué « une violation complète de toutes les lois en vigueur ». Et pour cause ; elle aurait consisté à attribuer à Gore tous les bulletins nuls et à supposer que ceux qui ont voté pour un candidat minoritaire (Pat Buchanan, par exemple) « voulaient » en réalité voter pour Gore. En écoutant l'ensemble de l'entretien, on discerne de manière évidente que Toobin spécule, énonce des hypothèses en allant jusqu'à l'absurde, mais le spectateur du film de Moore ne peut le savoir. *Moore a coupé l'entretien pour n'en garder que ce qui pouvait lui servir, quitte à faire dire à Toobin ce qu'il n'a pas dit.*

Commentaire suivant de Moore : « Cela n'a aucune importance, du moment que tous les amis de papa à la Cour suprême votent du bon côté ».

Après avoir menti ou induit en erreur les spectateurs une dizaine de fois en trois minutes quatorze secondes (j'ai chronométré), après avoir insinué que les médias américains étaient soumis à des puissances obscures, Moore dit maintenant que l'instance qui est en position de gardienne du droit et de la Constitution depuis plus de deux siècles aux États-Unis est corrompue jusqu'à la moelle. Des preuves ? Pourquoi voudriez-vous des preuves ? Des détails sur les procédures de nomination à la Cour suprême et sur ce qui fait que, pour y accéder, il faut être une sorte de saint irréprochable ? Pourquoi voudriez-vous ce genre de détails ? Le crachat, décidément, est la méthode préférée de Moore.

Moore montre ensuite la cérémonie de nomination de Bush qui se déroule au Congrès. Des membres de la Chambre des représentants noirs tentent vainement de contester au Congrès la nomination de Bush. Le contexte laisserait aisément penser que se joue un putsch raciste. Le spectateur n'est pas incité à se demander pourquoi aucun sénateur, *zéro sur cent*, n'a appuyé cette contestation, alors que le Sénat inclut une moitié de républicains et une moitié de démocrates : *cent sénateurs sur cent, et Gore lui-même, qui, Moore ne le cache pas, était encore président du Sénat, seraient donc complices du putsch !*

Le spectateur comprendrait mieux si Moore disait que les quatre ou cinq représentants contestataires ne sont pas les seuls représentants noirs. Ils sont, en revanche, les élus les plus à gauche de la gauche du Congrès et comptent dans leurs rangs Alcee Hastings, ancien juge fédéral qui a dû se reconvertir après avoir été inculpé pour corruption et racket, Barbara

Lee, ancienne militante du Black Panther Party et sur qui planent jusqu'à ce jour des accusations d'intelligence avec l'ennemi. Ou Maxine Waters, qui s'est illustrée par son soutien fervent aux émeutiers de South Central Los Angeles en 1992.

Viennent l'intronisation et l'entrée à la Maison-Blanche. Pluie. Musique funèbre. Les États-Unis entrent dans les ténèbres : ce n'est pas dit, c'est simplement suggéré. Commentaire : « Le jour de l'investiture de Bush, des dizaines de milliers de personnes ont envahi les rues de Washington pour tenter une dernière fois de reprendre ce qu'on leur avait volé... Ils jetèrent des œufs sur le cortège... Dans l'impossibilité de sortir de sa limousine, Bush fut privé de la traditionnelle marche jusqu'à la Maison-Blanche... Aucun président n'avait vécu un jour d'investiture comme celui-ci. »

Rectification : *Toutes les investitures de présidents républicains ont été accompagnées, depuis quarante ans, de manifestations gauchistes.* L'élection, on l'a montré, n'a pas été volée. Les gauchistes essaient souvent de déstabiliser les procédures démocratiques en recourant à l'émeute. Ils ne veulent pas « reprendre ce qu'on leur a volé ». Pour eux, George W. Bush n'est pas légitime, Bush père n'était pas légitime, Reagan n'était pas légitime, Nixon ne l'était pas non plus et Johnson lui-même ne l'était guère. Un seul œuf a été jeté sur le cortège, et Moore procède verbalement à la multiplication des œufs.

Bush a bel et bien parcouru les dernières centaines de mètres vers la Maison-Blanche à pied, comme le veut la tradition. Et il a salué les milliers de gens venus l'applaudir parce qu'ils avaient voté pour lui. Ceux qui ont vu les images diffusées en direct sur toutes les chaînes de télévision américaines ont pu constater tout cela. Ceux qui ont dû se contenter du montage de Moore ont vu une succession d'images tronquées et ont vu leurs tympans subir une grêle de phrases fausses.

« Aucun Président », dit Moore ? *Tous les Présidents depuis 40 ans, à l'exception de Carter et Clinton, ont vécu ce genre d'investiture.* En quarante ans, les États-Unis n'auraient donc eu que deux Présidents légitimes et n'auraient connu que douze années de démocratie pour vingt-huit années de dictature ?

Nous en sommes à sept minutes de film : une vingtaine de mensonges ou d'allégations biaisées. Le rythme se maintient.

Continuons.

Le film passe ensuite à un second mouvement : Bush, qui a « volé l'élection » et fait un putsch, se conduit avant le 11 septembre, dit Moore, comme un abruti et un irresponsable.

Commentaire de Moore : « Au cours des huit mois qui suivirent, les choses ne s'arrangèrent pas pour Bush... Il ne parvenait pas à nommer ses juges. Il avait du mal à faire passer ses lois... Sa cote de popularité a commencé à chuter. Il ressemblait à un Président qui assurait l'intérim en attendant l'entrée en fonction de son successeur... Puisque tout allait de travers, il partit en vacances. »

Rectification : Bush n'a effectivement pu faire procéder à toutes les nominations prévues. Mais *l'essentiel des projets de lois qu'il a proposés au Congrès a été accepté*, tout particulièrement les baisses d'impôts qui étaient la poutre maîtresse de sa politique économique. La cote de popularité de Bush entre janvier et septembre 2001 a fluctué entre 50 et 59 %. Un seul sondage montre une différence : il est publié le 5 septembre 2001 par le *Christian Science Monitor*. Bush y apparaît « tomber » à 45 % d'opinions favorables. C'est, par un hasard curieux, le seul sondage dont Moore fasse état explicitement, et qu'il montre en gros plan sur l'écran.

Scènes de golf et de pêche en mer. Commentaire de Moore : « Au cours des huit premiers mois de sa présidence, Bush a, selon le *Washington Post*, passé 42 % de son temps en vacances. »

Réalité : dans son calcul du temps passé par Bush hors de la Maison-Blanche, le *Post* inclut ses déplacements en avion, ses séjours à Crawford et à Camp David. Les articles du *Post* stipulent que tous les moyens de travailler et de diriger le pays existent tant à Crawford qu'à Camp David. Moore « oublie » ces « détails ». Les rencontres en l'un et l'autre lieu avec des chefs d'État et de gouvernement, les accords négociés à ces occasions étaient, selon Moore, des activités de « vacances ».

On peut noter que Moore a conservé dans le film des images où Bush explique qu'on travaille désormais à l'heure du fax, du net et du téléphone portable. (« Pas besoin d'être à Washington pour travailler », dit Bush.) Mais Moore, qui utilise pourtant le fax, le net et le téléphone portable, est si peu convaincu que Bush soit lui aussi capable d'utiliser ces instruments qu'il pense que ces images ne nuiront pas à sa « démonstration » d'ensemble. Le spectateur, à ce stade, est déjà tellement censé penser que Bush est un crétin qu'il ne peut, se dit Moore, imaginer Bush un téléphone portable à la main. Bush est montré disant : « Des décisions vont être prises et on les annoncera ensuite. » Le site Internet de la Maison-Blanche fait état, en détail, de ces décisions, mais cela n'intéresse visiblement pas Moore, et *celui-ci semble penser que les spectateurs doivent être, sur ce point, maintenus dans l'ignorance* puisqu'il n'en dit pas un mot.

Commentaire de Moore : « Ce fut un été inoubliable. Et quand ce fut terminé, il quitta le Texas pour se rendre dans son deuxième endroit favori. » On voit ensuite Bush en Floride. En somme, Bush passe d'un lieu de vacances à l'autre.

Réalité : Bush, après un séjour studieux à Crawford, est rentré à Washington où il a prononcé un discours le 31 août. Il s'est rendu ensuite, le 10 septembre, en visite de travail en Floride. Tout comme il n'a pas dit un mot des activités studieuses de Bush à Crawford (il suffit pour connaître la teneur de ces activités d'aller sur le site whitehouse.gov), *Moore ne parle ni du retour de Bush à Washington, ni des objectifs du voyage de Bush en Floride, une dizaine de jours plus tard.*

Vient, enfin, après l'image d'un petit garçon qu'on borde dans son lit (le commentaire laisse penser que c'est une allusion à Bush qui, si l'on suit la suggestion de Moore, doit avoir l'âge mental d'un enfant qui n'a pas encore atteint l'âge de raison), le générique du film.

Fin du second mouvement. Douze minutes de film.

Nous en sommes à une trentaine de mensonges, d'omissions biaisées et de manquements savamment étudiés.

Caractères blancs sur fond noir. Cela commence vraiment.

Fahrenheit 9/11. Un film de Michael Moore, lit-on.

Entre chaque indication inscrite en blanc sur noir, une succession d'images de Bush et de membres de son gouvernement en train de se faire maquiller. Les comédiens se préparent aux multiples crimes et forfaitures dont Moore va les accuser. Le spectateur *doit* voir que ce sont des comédiens.

On en arrive alors au 11 septembre et, tout comme l'histoire, la grande, se fait soudain plus intense, les distorsions que Moore fait subir à la réalité se font plus intenses elles aussi.

On passe au troisième mouvement du film : l'abruti putschiste va, à la lueur du 11 septembre, se révéler être une crapule à la solde de l'Arabie saoudite.

Moore ne montre pas une seule image des attentats

et laisse l'écran noir, d'abord, puis se focalise sur des cendres qui voltigent, des larmes, et des visages éplorés. Certains verront là de l'inventivité cinématographique, une forme de « pudeur » consistant à montrer seulement le regard triste et désespéré de ceux qui viennent d'assister à l'indicible.

D'autres porteront sur cette absence d'images un regard très différent. Edward Koch, ancien maire démocrate de New York, par exemple : Moore, dit-il, n'a jamais voulu regarder en face toute l'horreur des attentats du 11 septembre. « Avant une émission à laquelle nous devions participer, il m'a déclaré qu'il ne voyait vraiment pas pourquoi on parlait tant des attentats. Et il a ajouté que les gens ont trois fois plus de risques d'être frappés par la foudre que de mourir dans un attentat. » La première réaction de Moore aux attentats avait consisté à déplorer que ceux-ci aient tué des gens qui avaient vraisemblablement voté démocrate et qui n'étaient donc pas des électeurs de Bush : « Si ceux qui ont fait cela l'ont fait contre Bush, ils l'ont fait en tuant des milliers de gens qui n'avaient pas voté pour lui », a noté Moore sur son blog dès le 12 septembre. Depuis, la phrase a disparu du blog et des archives du site.

Texte du commentaire : « Au moment des attentats, monsieur Bush s'apprêtait à rendre visite aux élèves d'une école primaire de Floride. Lorsqu'on l'informa qu'un avion avait percuté l'une des deux tours, monsieur Bush prit la décision de poursuivre sa séance de photos. Quand un avion percuta l'autre tour, le Secrétaire général pénétra dans la salle de classe et dit à monsieur Bush : la nation est attaquée. Ne sachant pas quoi faire, n'ayant personne pour lui dire ce qu'il fallait faire... monsieur Bush resta là assis et poursuivit la lecture de *Ma Biquette* avec les enfants... Près de sept minutes s'écoulèrent. » À l'image, Bush apparaît effectivement assis dans la salle de classe de Sarasota, un livre de classe à la main, calme, mais intérieurement inquiet.

Moore ne sait pas ce que le Secrétaire général de la Maison-Blanche a dit à Bush : donc, il invente. Moore ne peut savoir ce que Bush pensait en cet instant : donc il invente toujours, de manière très malveillante. Moore donne à un manuel de lecture le titre de l'un des récits qu'il contient de façon à faire rire l'auditoire, et *il invente, donc, ce titre aussi.* Ses inventions sont des mensonges, toujours. *Moore ne dit pas que les images étaient retransmises à la télévision et ne prend pas en compte un seul instant les répercussions qu'une réaction hâtive et inconsidérée du Président auraient pu avoir sur des millions de gens et à l'échelle de la planète, car les images auraient fait le tour du monde.*

Moore ne dit pas qu'Ari Fleischer, porte-parole du Président, se tenait derrière les enfants et montrait à Bush une feuille de papier sur laquelle il était écrit en lettres capitales: « Ne dites rien pour le moment. » Moore ne dit pas non plus que l'institutrice a fait l'éloge du sang-froid de Bush, et la directrice de l'école aussi : « Je ne crois pas qu'il aurait été possible de mieux gérer la situation. Le comportement de Bush a eu un effet apaisant et nous a beaucoup aidés à vivre une journée difficile. » Lee Hamilton, vice-président démocrate de la Commission d'enquête sur le 11 septembre a, lui, déclaré plus tard : « Bush a pris la bonne décision en restant calme et en ne se précipitant pas hors de la salle de classe ». Moore n'a rien dit de ces divers points. *Absolument rien.*

Le commentaire prête ensuite des pensées supplémentaires à Bush et sous-entend qu'il n'a pas organisé une seule réunion consacrée au terrorisme entre son arrivée à la Maison-Blanche et le 11 septembre. *Là encore, Moore ne sait rien et continue à inventer.*

Le commentaire accuse Bush d'avoir « réduit le budget du FBI consacré à la lutte contre le terrorisme ». Et on voit, très vite, un document parlant de la réduction du budget d'*équipement*...

Seuls ceux qui se plongeront dans l'étude de la réorganisation des services de sécurité américains à l'époque sauront que le projet en cours de réalisation consistait à moins investir en matériel et à investir davantage dans le renseignement humain.

Et *seuls ceux qui auront étudié cette réorganisation sauront que c'est pour avoir tout misé sur la technologie, pour avoir cloisonné les services et pour avoir sous-investi dans le renseignement humain, que des informations qui auraient été capitales pour déjouer les attentats du 11 septembre n'ont pas été disponibles.*

Mensonge encore, ou volonté d'induire en erreur ?

Moore dit ensuite, très exactement, ce qui suit : Bush « aurait pu lire le rapport concernant la sécurité du pays qui lui a été remis le 6 août, disant qu'Oussama Ben Laden préparait un attentat contre l'Amérique en projetant de détourner des avions ».

Moore ne dit pas sur quoi il se fonde pour dire que Bush n'a pas lu le rapport. Comme il n'a rien répondu à ceux qui l'ont interrogé sur ce point, disons *qu'il ne se fonde sur rien*. Et précisons ce qui se dégage des propos de Condi Rice et des travaux de la Commission d'enquête sur le 11 septembre : *le rapport était trop imprécis pour qu'en soient tirées des décisions efficaces*. Le texte du rapport est disponible sur Internet, et chacun peut le consulter et se faire une idée de son imprécision.

« Un rapport comme celui-là en aurait fait bondir plus d'un », ajoute Moore. *Moore ne dit pas pourquoi le rapport n'a, en dehors de Bush, fait bondir personne au sein du gouvernement américain*. Moore ne dit pas non plus que la Commission d'enquête sur le 11 septembre a conclu elle-même que ce rapport était *trop flou pour entraîner une réaction efficace*.

Suite du commentaire. Moore invente à nouveau. « J'ai mal choisi ma bande de copains », fait-il dire à Bush. « Lequel m'a fait un enfant dans le dos ? Celui à qui papa a livré plein d'armes, ou bien ce groupe d'intégristes qui est venu au Texas quand j'étais gouverneur ? À moins que ce ne soient les Saoudiens. Oui... c'est eux, mais il vaut mieux que j'accuse ce type-là ».

Images : Donald Rumsfeld rencontrant Saddam Hussein dans les années 1980, des talibans dans un couloir d'aéroport, le roi d'Arabie saoudite, Ben Laden, Saddam encore.

Réalité : Moore extrapole, à partir de la stratégie américaine visant à contenir l'Iran et à empêcher l'effondrement du régime irakien, une *amitié totalement inexistante entre Bush père et Saddam*. Bush père, à l'époque concernée, n'était pas Président, mais vice-président de Ronald Reagan et n'avait pas le pouvoir de fournir une aide militaire à l'Irak. Deux mensonges supplémentaires, mêlés d'approximation historique destinée à induire en erreur.

Moore laisse supposer des liens entre les talibans en visite au Texas et Bush. Les talibans venus au Texas ont été invités par l'entreprise Unocal, sous la présidence Clinton. *Bush ne les a pas rencontrés*. Troisième mensonge supplémentaire. Par amalgame, cette fois.

Moore accole ensuite la famille régnante saoudienne et Oussama Ben Laden, et se fonde sur les liens entre un président des États-Unis et le roi saoudien pour sous-entendre l'existence de liens, que rien ne prouve et ne montre, entre Bush et Ben Laden.

Moore, enfin, décrète que c'est l'ensemble des dirigeants saoudiens qui sont impliqués dans les attentats, et affirme que Bush va décider arbitrairement de placer Saddam en position de bouc émissaire et de victime innocente.

Mensonges supplémentaires encore, puisque al-Qaida sera très vite incriminée par Bush et son gouvernement, et puisque Saddam ne sera jamais désigné par Bush et son gouvernement en tant qu'instigateur des attentats du 11 septembre.

Le passage concerné ne dure que vingt-deux secondes.

Et je dois dire qu'il est *rare de rencontrer une telle condensation de faussetés en aussi peu de temps.*

Moore passe ensuite à l'exfiltration de Saoudiens hors des États-Unis.

« Cent quarante-deux Saoudiens ont quitté le territoire américain après le 13 septembre », affirme Moore. C'est vrai. Parmi eux, il y avait vingt-quatre membres de la famille Ben Laden. C'est vrai aussi.

Ce passage du film serait, hélas, plus vrai encore si Moore rappelait que quarante-huit heures après les attentats, le trafic aérien commençait à reprendre aux États-Unis. « Tous les vols autorisés devaient avoir reçu le feu vert du FBI », ont noté des journalistes d'investigation. Et il y avait donc des vols autorisés.

Lorsque Moore montre le chanteur Ricky Martin bloqué dans un aéroport et dit que « personne ne pouvait voler, pas même Ricky Martin », il se réfère au 11 et au 12 septembre, pas au 13, moins encore au 14, *mais il ne le dit pas.*

Lorsqu'il ajoute que « personne ne voulait voler, sauf les Ben Laden », il décrit ce qui a été vraisemblablement une réalité. Mais lorsqu'il suggère que les Ben Laden et d'autres Saoudiens auraient reçu des passe-droits pour prendre l'avion alors que personne d'autre ne le pouvait, *il s'éloigne totalement de la réalité et revient au mensonge*. Dès le 13, les premiers vols autorisés par le FBI sont devenus possibles. *Les Saoudiens et les membres de la famille Ben Laden qui sont partis ont fait l'objet d'interrogatoires de la part des autorités avant de quitter le sol américain, et ils n'ont pu partir qu'après établissement de leur non-culpabilité.*

Richard Clarke, sur qui je reviendrai plus loin, a déclaré plusieurs fois qu'il a *personnellement* autorisé les vols concernés. Devant la Commission sur le 11 septembre, il a dit ceci : « Le départ des Saoudiens a été géré sous la surveillance du FBI. J'en prends la responsabilité. Je ne pense pas que c'était une erreur, et je le ferais à nouveau. »

Le film tresse alors les propos d'un nommé Craig Unger sur les « liens entre Oussama Ben Laden et le reste de sa famille », ceux du prince Bandar, ambassadeur saoudien aux États-Unis, qui parle de l'évacuation des Saoudiens après le 13 septembre, ceux de Jack Cloonan, un ancien agent du FBI chargé autrefois de la surveillance d'al-Qaida, et ceux d'un sénateur démocrate, Byron Dorgan.

Bandar : « Nous ne voulions pas que des innocents soient inquiétés ; le FBI nous a aidés à les évacuer. »

Cloonan : « Si on m'avait chargé de l'enquête, je n'aurais pas voulu que ces gens partent. »

Unger : « On a contrôlé leurs passeports, et puis rien. »

Dorgan : « Il faudrait en savoir davantage sur ce qui s'est passé. »

Bandar encore, à propos d'une rencontre avec Oussama Ben Laden dans les années 1980 : « Il m'a dit de remercier les Américains d'avoir aidé à libérer l'Afghanistan. »

Les faits : le FBI a bien supervisé l'évacuation. Les États-Unis ont effectivement aidé les *moudjahidin* en Afghanistan à combattre les troupes soviétiques à la fin de la guerre froide. Dans les années 1980. Plus d'une décennie avant 2001. *Ce qui est malhonnête est de ne pas dire que le contexte géopolitique a changé entre les années 1980 et 2001.*

Ce qui est inexact est de dire que le FBI s'est contenté de contrôler les passeports pour ce qui concerne la famille Ben Laden. Ce qui est inexact aussi, c'est de laisser croire qu'on ne sait pas ce qui s'est passé.

Moore accuse Bush d'avoir été un « déserteur » et parle du dossier militaire du Président au temps où il était dans la garde nationale du Texas, en 1972. Il évoque un dossier « censuré » présenté à la presse par la Maison-Blanche et un dossier « non censuré ». Et il précise qu'une différence « flagrante » existe entre le dossier qu'il a « réussi », dit-il, à se procurer en 2000 et le dossier « censuré » présenté en 2004. Un nom est raturé en noir et a disparu. « Deux pilotes ont été mis à pied pour n'avoir pas passé la visite médicale », dit Moore : Bush et James R. Bath. Et c'est le nom de Bath qui a été effacé.

Réponse. *Moore ment de manière flagrante en parlant de désertion.* Ne pas s'être présenté à une visite médicale et se trouver, en conséquence, mis à pied, ne constitue en aucun cas une désertion.

S'être procuré le dossier militaire de Bush en 2000 n'est pas une grande « réussite », puisque *ce dossier en sa version intégrale a été mis à la disposition de toute la presse pendant la campagne présidentielle.* Une loi fédérale a été votée le 14 avril 2003 (le Health Insurance Portability and Accountability Act), qui, au nom du respect de la vie privée, interdit la révélation du dossier médical de toute personne si cette révélation n'est pas nécessaire à une procédure de justice. Le dossier présenté en 2004 a été présenté pour rappeler les faits concernant George W. Bush : le nom de Bath *devait* donc être raturé pour que le HIPAA soit respecté. *Des dizaines de milliers de personnes, au-delà de Moore, avaient le document de 2000.*

« Beaucoup de bruit pour rien » aurait dit Shakespeare.

Pourquoi, selon Moore, le nom de Bath aurait-il été « censuré » ? Parce que, dit-il, Bath a « géré la fortune des Ben Laden au Texas ». Et parce que Bath a contribué à financer la première entreprise créée par George W. Bush.

Je cite : « L'homme qui l'a financé n'était autre que James Bath. L'ami intime de Bush avait été engagé par la famille Ben Laden pour gérer leur fortune et investir pour eux dans des affaires au Texas, et James Bath, à son tour, misa sur George W. Bush. »

La construction sémantique est subtile. Il n'est pas dit que les Ben Laden ont financé Bush. C'est simplement suggéré.

Rien ne montre et ne prouve que Bath a été l'« ami intime » de Bush. C'est une affirmation infondée. Rien ne montre non plus que Bath était le seul financier de l'entreprise.

Les faits. Bush fonde une entreprise. *Bath investit son argent personnel dans l'entreprise*. Bath a aussi des relations d'affaires avec la famille Ben Laden. Point final. Tous les membres de la famille Ben Laden se trouvent traités comme collectivement coupables puisqu'ils sont de la même famille qu'Oussama. Pour renforcer son affirmation de culpabilité collective, Moore fait à nouveau appel à Craig Unger, et celui-ci dit que la famille a gardé avec Oussama des liens étroits. Les preuves ? En dehors de la parole d'Unger, il n'y en a pas une seule. Craig Unger est l'auteur d'un livre appelé *House of Bush, House of Saud*, où tous les malheurs de la planète ou presque sont attribués aux deux familles (selon Unger) les plus maléfiques de l'histoire, les Bush et les Saoud. Il y est expliqué que la contrée la plus dangereuse de la terre est le Texas. (« Le livre, bourré d'erreurs et d'affirmations non fondées, ne sera d'aucune utilité à ceux qui ne détestent pas déjà le Président Bush », a écrit l'islamologue Stephen Schwartz dans le *Los Angeles Times*).

Suite du commentaire de Moore : « Bush coula ses sociétés jusqu'à ce que l'une d'elles soit rachetée par Harken Energy, qui le fit entrer au conseil d'administration. » Une phrase de Jim Moore (aucun lien de parenté), blogger sur le très gauchiste Huffingtonpost : « Depuis des années, nous soupçonnons ces compagnies d'être financées par les pétrodollars saoudiens. »

« Bush coula ses sociétés » ? Aucune démonstration. Aucune preuve. Dire « nous soupçonnons » ne démontre pas quoi que ce soit et relève de la rumeur. Ni démonstration ni preuve, encore.

Michael Moore à nouveau : « Cela aide d'être le fils du Président, surtout si la SEC, l'autorité des marchés, enquête sur vous. Une note des avocats de la compagnie demandait de ne pas vendre d'actions si les résultats s'annonçaient mauvais. Une semaine plus tard, Bush vendait pour 848 000 dollars d'actions Harken... Deux mois plus tard, Harken annonçait des pertes de vingt-trois millions de dollars. »

Moore accuse Bush, cette fois, de « délit d'initié ». *Le seul problème est que Bush n'a commis aucun « délit d'initié »*. Moore, là, ne ment pas directement : il juxtapose des faits et attend que la malveillance fasse le reste. Bush a bien vendu pour 848 000 dollars d'actions, mais ce que Moore oublie de dire, c'est que *la vente s'est faite avec l'accord écrit des avocats de Harken, à un moment où les résultats de l'entreprise ne laissaient pas supposer de risques de pertes.*

Harken a bien perdu vingt-trois millions de dollars, mais cette perte n'a aucun rapport avec la vente par Bush de ses actions, et les éléments qui ont conduit à ces pertes se sont développés *après* que Bush eut vendu ses actions. L'enquête de la SEC portait sur ces pertes et toutes les transactions financières concernant l'entreprise au cours des mois qui ont précédé ces pertes. Aucune irrégularité n'a été retenue. Moore le sait, mais n'en tient aucun compte. Un texte du Center for Public Integrity daté du 16 octobre 2002 donne tous les détails et toutes les précisions nécessaires.

Suite du commentaire de Moore : « Les amis de papa Bush le casèrent dans une autre société appartenant au groupe Carlyle ». Entretien avec Dan Briody, auteur d'un essai appelé *The Iron Triangle.* « L'un des innombrables livres dans lesquels on décrit une conspiration où une poignée de gens qui se rencontrent dans un coin sombre une fois par an décident du sort de l'économie mondiale », a noté à ce sujet David Horowitz : « On s'est intéressé aux sociétés qui ont tiré profit du 11 septembre, parmi elles il y avait le groupe Carlyle... Bush père et fils ont travaillé pour le groupe Carlyle, une société qui comptait la famille Ben Laden parmi ses investisseurs... Plus les dépenses militaires des États-Unis augmentaient, plus les Ben Laden étaient susceptibles de tirer profit de leurs investissements... Les attentats du 11 septembre assurèrent à United Defense une année tout à fait prospère... Le groupe Carlyle mit en vente des actions d'United Defense et, en décembre, en un seul jour, fit 237 millions de dollars de bénéfice. On parlait tellement de la participation des Ben Laden aux investissements de Carlyle qu'ils furent contraints de se retirer. »

Réalité : *Le groupe Carlyle compte des centaines d'investisseurs, et si des membres de la famille Ben Laden y ont effectivement placé de l'argent, leur participation a été très minoritaire* (deux millions de dollars, soit environ 0,00025 % de Carlyle). Si les activités militaires du groupe Carlyle ont connu un essor après le 11 septembre, *les activités non militaires du groupe ont subi des pertes financières lourdes* à la suite des conséquences des attentats : *Moore ne dit pas un mot de ces autres activités et de ces pertes.* L'un des projets majeurs de la branche militaire de Carlyle, le système Crusader, qui représentait un contrat de onze milliards de dollars, est l'un des seuls projets d'armement à s'être trouvé abandonné par le gouvernement Bush. La mise en vente d'actions d'United Defense rapporta effectivement la somme indiquée par Moore, mais *la famille Ben Laden s'est vue sommée de se retirer des activités de Carlyle bien avant cette mise en vente*, et non après, comme Moore le laisse entendre...

Comme Moore le note lui-même, Carlyle n'est, par ailleurs, que le onzième fournisseur de l'armée américaine. Moore ne s'intéresse pas une seule seconde aux dix groupes qui ont, si l'on suit son raisonnement, davantage « tiré profit » de la guerre déclarée par al-Qaida aux États-Unis. Pourquoi ?

Carlyle, par ailleurs, représente une valeur boursière

d'environ seize milliards de dollars. Soit dix pour cent seulement de la valeur boursière d'Exxon-Mobil. La société Exxon-Mobil est implantée en Arabie saoudite et a des investisseurs saoudiens : elle est dix fois plus grosse que Carlyle, mais elle n'intéresse pas Moore. *Pourquoi Moore s'intéresse-t-il à une petite entreprise avec peu de capitaux saoudiens et pas à une grosse entreprise avec davantage de capitaux saoudiens ?* Pourquoi braque-t-il ses projecteurs sur la onzième entreprise d'armement, et pas sur les autres ? Pourquoi Moore ne cite-t-il pas des actionnaires de Carlyle, bien plus importants que la famille Bush ou quelques membres de la famille Ben Laden, George Soros, par exemple, dont les idées sont très proches de celles de Michael Moore ?

« Bush père rencontrait la famille Ben Laden alors qu'Oussama était déjà recherché pour terrorisme », affirme Briody. Toujours sans preuve.

Après avoir rappelé le salaire annuel d'un Président des États-Unis, Moore dit que la famille Saoud a donné à « Bush, sa famille et ses amis » un milliard quatre cents millions de dollars au cours des trois dernières décennies. En ce cas, demande Moore, « qui est votre papa ? ». Autrement dit : à qui obéissez-vous ?

La somme avancée par Moore lui a été indiquée par Unger, qui l'avance, sans preuve, dans *House of Bush*. L'essentiel de la somme, soit un milliard deux cents millions de dollars environ, vient d'un contrat passé entre l'Arabie saoudite et une entreprise de défense appelée BDM. *Cela n'a pas été un don, mais le paiement d'une prestation de service :* la formation et l'entraînement de militaires saoudiens. BDM a appartenu au groupe Carlyle, mais a été revendu par celui-ci *avant* que Bush père n'entre à Carlyle. Comment la famille Bush aurait-elle bénéficié d'argent issu d'une prestation de service fournie par une entreprise avec laquelle la famille Bush n'avait pas le moindre lien ? Cela n'est pas dit dans le film. Cela ne peut être dit, car *la famille Bush n'a pas bénéficié de cet argent.*

Commentaire de Moore : après les attentats, « Bush essaya d'empêcher le Congrès d'ouvrir sa propre enquête ». Commentaire de CNN, très différent des propos de Moore : « Bush a déclaré que les investigations sur le 11 septembre devraient être confiées au Congrès, car elles impliquent des informations sensibles qui pourraient conduire à révéler des sources et des méthodes de renseignement. »

Moore à nouveau : « Lorsque le Congrès remit les résultats de son enquête, l'administration Bush censura vingt-huit pages du rapport. Des officiels ont dit que la censure concernerait l'Arabie saoudite. » Commentaire de CNN, très différent à nouveau : « Avant d'être rendu public, le rapport a été examiné aux fins de s'assurer que n'y figure aucun élément susceptible de compromettre la sécurité du pays. »

Dans le texte du rapport figurent ces mots : « La Commission conclut que quinze des dix-neuf coupables étaient originaires d'Arabie saoudite, mais elle n'a pas trouvé le moindre élément montrant que le gouvernement saoudien a conspiré en vue des attaques ou financé les attaquants. » La Commission était composée, à parité, de démocrates et de républicains. Des réserves et des remarques ont été énoncées de part et d'autre. Personne, sauf Moore, n'a parlé de « censure ». Personne, sauf Moore et une journaliste citant « des officiels », une rumeur en somme, n'a dit que la « censure » concernait « l'Arabie saoudite ».

Séquence suivante. Moore est devant l'ambassade saoudienne à Washington, en compagnie d'Unger. Il pose une question : « Combien d'argent les Saoudiens ont-ils investi aux États-Unis ». Unger : « On parle de 860 milliards de dollars ». Question de Moore : « Quel pourcentage de notre économie cela représente-t-il ? » Unger : « Cela représente six à sept pour cent de l'Amérique. »

Dans son livre, Unger tire le chiffre de 860 milliards de dollars d'un discours du prince Bandar datant de 1996 : malheureusement, le prince Bandar parlait alors de l'économie saoudienne, pas des investissements saoudiens aux États-Unis ! *Sorry, wrong number*, comme on dit. Désolé, mauvais numéro. Dans un discours prononcé à Londres en 2002, Brad Bourland, économiste à la Saudi American Bank, estimait le total des *investissements saoudiens sur la planète entière* entre sept cents et mille milliards de dollars. « On parle », dit Unger, mais le « on » censé parler n'existe pas.

Le Bureau américain des statistiques situe la proportion des investissements financiers étrangers aux États-Unis détenus par des ressortissants extérieurs à l'Union européenne et au Japon entre six et sept pour cent. *Le chiffre indiqué n'est donc pas celui de la proportion de l'économie américaine possédée par les Saoudiens, mais un pourcentage du total des actions détenues par des étrangers.* L'essentiel des actions et de l'économie américaine appartient à des Américains. Sur le pourcentage restant, les Saoudiens sont un fragment de six à sept pour cent. Les investissements *étrangers* aux États-Unis représentaient à la fin de 2003 une somme de 10 515 milliards de dollars.

Moore montre ensuite des agents des services secrets qui surveillent l'ambassade et lui posent des questions. Moore : « On était pourtant loin de la Maison-Blanche, mais pour je ne sais quelle raison, les services secrets ont pointé leur nez... Je ne savais pas que les services secrets gardent les ambassades étrangères... Il s'avère que le prince Bandar est l'ambassadeur le mieux protégé des États-Unis. »

Les services secrets américains sont chargés de surveiller la Maison-Blanche, divers autres bâtiments de Washington, *et l'ensemble des ambassades et missions diplomatiques étrangères.* Tout est détaillé sur leur site : secretservice.gov

Moore revient alors au prince Bandar...

« Le prince Bandar était si proche des Bush que l'on considérait qu'il faisait partie de la famille. On l'avait même surnommé Bandar Bush », dit Moore. « Deux jours après les attentats du 11 septembre, Bush a invité

Bandar Bush à la Maison-Blanche. En dépit du fait que Ben Laden était saoudien, que l'argent saoudien avait financé al-Qaida, et que quinze des pirates de l'air étaient saoudiens, l'ambassadeur saoudien dînait amicalement avec le Président, comme si de rien n'était... Est-ce qu'ils se mettaient d'accord ? Pourquoi les Saoudiens interdiraient-ils ensuite aux enquêteurs d'interroger les familles des terroristes ? Pourquoi renâcleraient-ils à geler les actifs des terroristes ? »

Moore ne dit pas que le prince Bandar a été, quel que fût le gouvernement en place, un diplomate très actif à Washington. Il ne dit pas que Bill Clinton a fait appel à lui de nombreuses fois aux fins de faire avancer ses actions diplomatiques au Proche-Orient (l'aurait-il affublé à l'époque du surnom de Bandar Clinton ?) Il ne dit pas que les Saoudiens ont donné plusieurs millions de dollars à la bibliothèque présidentielle de Clinton, et fait des donations très importantes à la Carter Foundation d'Atlanta. Il ne dit pas que les liens stratégiques entre les États-Unis et l'Arabie saoudite remontent au temps de Franklin Roosevelt. Ces liens ont existé avant que la famille Bush ne s'approche de la Maison-Blanche, et ils existeront vraisemblablement encore *après* que George W. Bush aura quitté la Maison-Blanche. *Bandar ne fait pas davantage partie de la famille Bush que des familles Clinton ou Carter.* Dire que la rencontre entre Bush et le prince Bandar à la Maison-Blanche se situait sur le plan de l'amitié relève de la malhonnêteté diffamatoire. *Rencontrer l'ambassadeur d'Arabie saoudite après les attentats, alors que l'enquête allait s'enclencher, mais aussi la guerre contre le terrorisme, peut tout à fait s'expliquer et se comprendre*, si l'on n'a pas l'esprit malveillant de Moore. *Prêter à Bush une pensée de complicité de fait avec les terroristes qui ont frappé le Pentagone est tout simplement abject.*

Que Ben Laden soit saoudien, que de l'argent saoudien ait financé al-Qaida, que quinze pirates de l'air aient été saoudiens ne permet pas, en supplément, de parler d'une culpabilité collective qui toucherait l'ensemble du peuple saoudien. *Moore pratique l'amalgame et une xénophobie antisaoudienne globale.* Se rend-il compte qu'il dessine la culpabilité collective de tout un peuple ? Par ailleurs, les services secrets américains ont enquêté. L'investigation a concerné les familles des terroristes. Mais ne pratiquant ni l'incrimination familiale par association ni l'incrimination collective, les États-Unis n'ont pas envisagé de punition collective.

La formule « geler les actifs » des terroristes est trop vague pour avoir la moindre signification. Quels sont les actifs ? Qui sont les terroristes ? S'agit-il des criminels suicidaires du 11 septembre ? Des membres avérés d'al-Qaida ? S'agit-il des familles ? De tout le peuple saoudien ? Ce n'est pas dit.

Dernière séquence du troisième mouvement du film.

Le témoignage. Ce que dit Richard Clarke en 2004. Au moment de la parution de son livre *Against All*

Enemies. Le témoignage de Clarke prenant la responsabilité de l'exfiltration des Saoudiens en septembre 2001 devant la Commission sur le 11 septembre n'avait pas intéressé Moore. Ce que Clarke dit maintenant l'intéresse. Beaucoup.

Clarke : après les attentats, « le Président a pris un ton très intimidant... On devait découvrir que l'Irak était mêlé aux attentats, car ils avaient l'Irak en ligne de mire. Il n'a pas mentionné al-Qaida... Don Rumsfeld a dit qu'il valait mieux bombarder l'Irak... Nous avons dit que l'Irak n'y était pour rien : ça leur était égal. Ils ont dû commencer par l'Afghanistan, car la responsabilité d'al-Qaida était évidente ».

À la différence de ce qu'on dit devant une Commission d'enquête où tout mensonge peut vous valoir l'accusation de parjure, dans une interview télévisée, dans un livre, ce ne sont que des mots. Dès lors que les conversations qu'on rapporte n'ont pas été transcrites ou enregistrées, c'est la parole de l'un contre celle de l'autre. Quelle est la fiabilité de la parole de Clarke en 2004 ?

Clarke était le coordinateur de la lutte antiterroriste sous Bill Clinton, et il a occupé ces fonctions jusqu'en janvier 2001. Bush l'a nommé directeur de la « cybersécurité », poste qu'il a quitté en 2003. Au moment de la parution d'*Against All Enemies*, Clarke, ancien du gouvernement Clinton, rejoint l'équipe de campagne de John Kerry.

L'efficacité de Clarke dans ses fonctions sous Clinton peut sembler faible si l'on consulte la liste des divers attentats commis contre les États-Unis par al-Qaida entre 1993 et 2001. Les attentats du 11 septembre, l'enquête l'a montré, ont été préparés sous la présidence Clinton. L'Irak était impliqué dans le premier attentat contre le World Trade Center en 1993.

Le rapport sur les attentats du 11 septembre inclut ce passage : « En février 1999, la CIA voulait mener des opérations de surveillance au-dessus des camps d'al-Qaida en Afghanistan. » Les opérations ont été annulées sur décision de Richard Clarke, qui pensait que si Ben Laden découvrait les opérations, il partirait en Irak. Pourquoi l'Irak ? Le rapport sur les attentats du 11 septembre encore : « En 1998, après que Ben Laden eut prononcé deux fatwas contre les États-Unis, deux membres d'al-Qaida se sont rendus en Irak pour rencontrer les responsables des services de renseignement irakiens... En 1999, Saddam Hussein a proposé à Oussama Ben Laden de s'installer en Irak. »

Fin du troisième mouvement. Moore a « démontré » la « collusion » entre les Bush et les Saoud.

Avant que ne vienne le quatrième mouvement du film, un intermède sur la guerre d'Afghanistan.

Car la guerre d'Afghanistan est, selon Moore, un simple intermède, une « diversion » destinée, en fait, à protéger les Saoudiens et Oussama, et à gagner beaucoup d'argent.

Richard Clarke parle encore : « Ce qu'ils ont fait était lent et petit. L'armée américaine a mis deux mois pour arriver au QG de Ben Laden ». Sous Clinton, arrivait-on plus vite au QG de Ben Laden ? Fai-sait-on plus rapide et plus grand ? Clarke ne le dit pas.

Moore, alors : « La guerre en Afghanistan cachait autre chose. »

« En 1997, alors que Bush était gouverneur du Texas, une délégation de talibans était à Houston pour rencontrer des dirigeants Unocal afin de discuter de la construction d'un pipeline destiné à acheminer du gaz naturel depuis la mer Caspienne... Halliburton, la société dirigée alors par Dick Cheney, avait, le jour même, obtenu une concession. Qui en profiterait ? Le plus gros donateur de la campagne de Bush. Enron. »

Puis : « Cinq mois et demi avant le 11 septembre, le gouvernement Bush accueillit un émissaire taliban... Le gouvernement le laissait venir, sachant que les talibans protégeaient l'homme qui avait organisé les attentats contre l'*USS Cole* et nos ambassades en Afrique. »

« Notre gouvernement mit en place Hamid Karzai, ancien conseiller d'Unocal. Bush nomma en Afghanistan Zalmay Khalilzad, ancien conseiller d'Unocal lui aussi... »

« En moins de temps qu'il n'en faut pour le dire, l'Afghanistan signa un accord avec les pays voisins pour la construction du pipeline qui apporterait le gaz naturel depuis la mer Caspienne. » « La plupart des dirigeants talibans se sont enfuis, comme ceux d'al-Qaida. »

Rectifications : des dirigeants talibans ont été reçus par Unocal en 1997 à Houston, mais Bush ne les a jamais rencontrés. *Ils ont été invités, en revanche, par le gouvernement Clinton.* Bush n'a pas la moindre relation avec la société Unocal. *Le projet de pipeline discuté en 1997 devait relier des gisements de l'est du Turkménistan au golfe Persique ; il a été abandonné dès 1998. Halliburton n'a pas eu de concession d'exploitation de gaz en mer Caspienne, pas plus le jour où les talibans étaient à Houston qu'au cours des mois qui ont précédé ou suivi.* Enron n'a participé à aucune des négociations, et aucun élément, sinon les mots de Moore, ne permet de dire qu'Enron aurait profité d'une concession de gaz inexistante et d'un projet de pipeline abandonné. Un représentant du gouvernement taliban s'est rendu aux États-Unis en mars 2001 pour demander la levée des sanctions mises en place par le gouvernement Bush contre le gouvernement taliban, et c'est bien l'homme que montre Moore : son nom est Sayed Rahmatullah Hashemi. Il a donné une conférence de presse et parlé dans quelques universités. *Mais le représentant du gouvernement taliban n'a pas infléchi la position du gouvernement Bush.* Il n'a pas été « accueilli », et n'est venu au Département d'État que pour se voir opposer *un refus.* « Nous ne reconnaissons pas le gouvernement d'Afghanistan, a déclaré Richard Boucher, porte-parole du Département d'État le jour où Hashemi était à Washington. » *Hamid Karzai n'a jamais travaillé pour Unocal.* Il n'a pas été mis en place par les autorités américaines, mais a été nommé par des groupes d'opposition démocratique afghans réunis à Bonn en Allemagne, puis élu au suffrage universel en 2004. Zalmay Khalilzad a travaillé pour la Rand Corporation, un centre de recherche politique et, brièvement, pour Cambridge Energy Research Associates. *Il n'a jamais travaillé pour Unocal, lui non plus*.

Le 9 décembre 2003, le gouvernement afghan a signé un accord de construction de pipeline avec le Turkménistan et le Pakistan. La construction n'a, à ce jour, pas commencé. Aucune entreprise n'a encore été désignée pour faire les travaux. Ni Unocal ni Halliburton ne sont concernées. *Le nouveau pipeline projeté n'a rien à voir avec l'ancien projet Unocal, puisque, cette fois, il doit partir de la mer Caspienne et non de l'est du Turkménistan.* La distance entre l'est du Turkménistan et la mer Caspienne est de plus de cinq cents kilomètres...

Deux minutes et cinq secondes de film. Une dizaine de mensonges à ajouter aux mensonges précédents, et de multiples tentatives d'induire le spectateur en erreur.

Moore passe au quatrième mouvement du film : l'abruti putschiste à la solde de l'Arabie saoudite, après avoir sauvé Ben Laden, placé l'Afghanistan sous contrôle des Bush et des Saoud, va laver les neurones des Américains et les préparer à être les complices de ses pires projets criminels.

Comment, selon Moore, l'« abruti » s'y prendra-t-il ? En faisant peur au peuple américain, bien sûr...

En parlant d'une menace terroriste qui n'existe pas. Car Moore le dit ou le laisse penser une fois de plus : la menace terroriste n'existe pas.

Jim McDermott, membre de la Chambre des représentants interviewé par Moore : « La peur, ça fonctionne : les gens qui ont peur, on leur fait faire ce qu'on veut. » Comment fait-on peur ? « En installant un climat de menace perpétuelle. Ils nous bombardent de messages contradictoires, et ça rend fou... Ce qu'ils ont fait était vraiment habile et vraiment ignoble. » McDermott, indique le film, est « psychiatre ».

McDermott, surtout, appartient à l'aile la plus extrême de la gauche démocrate. Il a été invité en Irak par Saddam Hussein en 2002 et a fait l'objet, en 2004, d'une enquête du comité d'éthique de la Chambre des représentants. Il a accepté une contribution financière provenant d'une personne liée de près au scandale « pétrole contre nourriture » (un dénommé Shakir al Khafaji) : ce qui ressemble à de la corruption. Les liens de McDermott avec le défunt régime de Saddam lui ont valu le surnom de Bagdad Jim. C'est cet homme qui trouve « ignoble » de parler de « danger terroriste » après le 11 septembre.

Pour appuyer sa « démonstration », Moore montre Bush en train de parler du terrorisme pendant une partie de golf. « Nous devons arrêter la terreur, dit Bush. Il faut arrêter ces terroristes assassins. » Le spectateur pense-t-il que Bush parle du terrorisme qui menace les États-Unis ? Sans doute. Et voir Bush passer de la fermeté affichée à sa partie de golf pourrait amener à conclure que Bush n'est pas très inquiet. « C'est le genre d'images que vous obtenez quand vous allez interviewer quelqu'un sur un terrain de golf », a noté Christopher Hitchens. Si Moore n'avait pas coupé la question posée à Bush et le début de sa réponse, le spectateur aurait compris qu'un journaliste interrompait Bush et lui demandait de réagir à la nouvelle d'un attentat-suicide qui venait de survenir en Israël. *Bush ne parlait pas du danger terroriste menaçant les États-Unis.* Cela se passait, qui plus est, avant le 11 septembre, donc *avant que le terrorisme ne frappe les États-Unis et qu'on y parle de menace.*

« Partout en Amérique, les gens avaient peur et comptaient sur leur chef pour les protéger », dit Moore. « Mais les protéger de quoi ? »

Suite du commentaire : « L'été qui précéda le 11 septembre, Ashcroft (ministre de la Justice) dit au directeur du FBI, Thomas Pickard, qu'il ne voulait plus entendre parler de menace terroriste. Le FBI savait qu'il y avait des membres d'al-Qaida aux États-Unis et que Ben Laden envoyait ses agents prendre des cours de pilotage, mais le ministère d'Ashcroft ferma les yeux et fit la sourde oreille. »

Précisions :

a) Pickard a bien tenu les propos qu'on le voit tenir. Ashcroft a nié avoir dit cela à Pickard. Le rapport de la Commission sur le 11 septembre a établi qu'il était « impossible » de savoir s'il disait vrai ou s'il voulait éviter des incriminations ultérieures du FBI. *Moore retient, sans preuve, une fois de plus, une déclaration qui s'est pourtant trouvée contredite.*

b) Le FBI n'en savait pas autant que ce que dit Moore. Comme le rapport de la Commission sur le 11 septembre l'a montré, il existait un « Phoenix memo », une note d'un agent du FBI en Arizona évoquant de « possibles tentatives de la part de Ben Laden d'envoyer des agents dans des écoles de pilotage ». *Cette note n'est jamais arrivée jusqu'au ministère de la Justice* et n'est jamais sortie de services régionaux du FBI. Le FBI de Minneapolis avait, en parallèle, arrêté Zacharias Moussaoui, mais *sans découvrir* ses liens avec al-Qaida et, là encore, sans transmettre le dossier au ministère de la Justice. *Le FBI ne savait pas que Ben Laden envoyait ses agents prendre des cours de pilotage. Le ministère de la Justice n'a pas fermé les yeux : il n'avait pas les informations.*

Moore décrit le Patriot Act comme destiné à surveiller d'éventuelles activités terroristes. C'est exact.

Il montre ensuite de « braves gens », membres d'un groupe pacifiste californien, « Peace Fresno », aux fins de souligner qu'on en vient, à cause du Patriot Act, à soupçonner des gens très paisibles. *C'est inexact.*

« Peace Fresno » est une organisation qui entretient des liens proches avec une organisation appelée ANSWER : Act Now to Stop War and End Racism (Agissez maintenant pour arrêter la guerre et mettre fin au racisme). ANSWER a été fondé par le Workers World Party marxiste-léniniste aux fins de permettre (je cite) au « mouvement antiguerre américain d'organiser en un front uni de lutte contre l'impérialisme des dizaines de milliers d'Arabes et de musulmans». On trouve sur le site d'ANSWER, entre autres, un appel au soutien actif de la «résistance anticoloniale contre les troupes impérialistes en Irak et en Afghanistan», une pétition de soutien à des agents castristes emprisonnés en Floride pour des projets d'assassinat de dissidents cubains, un appel de solidarité avec les musulmans emprisonnés par les États-Unis. Pour aller sur le site d'ANSWER, il suffit d'aller sur peacefresno.org et de cliquer sur *link*. Il est écrit: «Quand nous trouvons un site extra, nous vous y renvoyons de façon à ce que vous puissiez en jouir.»

«Ils se réunissent chaque semaine, mangent des cookies», dit Moore. *Pourquoi Moore ne parle-t-il pas des liens entre « Peace Fresno » et une organisation qui a des objectifs favorables au terrorisme?*

Jim McDermott: «Ils avaient ces idées dans les cartons depuis un bon moment, et ils ont attendu le 11 septembre pour dire: c'est l'occasion, allons-y.»

John Conyers: «Le gouvernement est d'emblée parti de l'idée qu'il fallait que nous renoncions à certains de nos droits.»

Tammy Baldwin: «Certains aspects de cette loi posent problème, à commencer par la définition du mot terrorisme.»

McDermott: «Ils déposent leur texte au milieu de la nuit. On arrive le matin, et la loi est votée.»

John Conyers: «Le Congrès ne lit presque jamais les textes de loi» avant de les voter.

Byron Dorgan : « Pourquoi les agents de sécurité autorisent-ils les pochettes d'allumettes et les briquets dans les avions ? »

« S'agit-il de notre sécurité, ou est-ce autre chose ? » demande Moore.

Depuis, allumettes et briquets sont interdits dans les avions. Les projets de loi ne sont pas déposés au milieu de la nuit et votés sans que le Congrès ait pu en parler : ils sont discutés en commission avant d'être proposés au vote des représentants, puis des sénateurs. *Les États-Unis sont un pays où la présomption d'innocence reste plus strictement respectée qu'en France :* il n'y a pas de carte d'identité. La police n'a pas le droit de contrôler l'identité de quelqu'un, sauf en cas de flagrant délit de crime. Le Patriot Act permet à la police de recourir plus efficacement aux écoutes téléphoniques, de surveiller plus efficacement les transactions financières, d'avoir accès aux fichiers d'emprunt des bibliothèques. Il permet à la police de recouper des informations et de déduire que quelqu'un qui parle de bombes au téléphone, qui emprunte des livres de chimie à la bibliothèque et qui fréquente une mosquée intégriste, peut se trouver placé sur une liste de suspects. Il ne permet *pas d'arrestations sans qu'une preuve préalable de culpabilité ait été administrée.*

Moore donne à entendre une suite d'allégations fausses. Ce n'est pas parce que des allégations fausses se succèdent à un rythme rapide qu'elles deviennent vraies.

Moore montre, au titre d'illustration, la côte de l'Oregon et dit qu'elle est surveillée par un seul homme en raison de « réductions budgétaires ».

Un policier parle : « Un soir, j'ai demandé combien de gars étaient en service dans l'Oregon. Huit. La sécurité de la patrie n'est pas aussi assurée qu'on veut le croire. » *L'illustration n'en est pas une, et Moore est totalement hors sujet.*

La police d'État, à laquelle appartient l'individu qui est montré, n'a pour tâche ni la protection des côtes ni la lutte antiterroriste. *La police d'État de l'Oregon dépend de l'État d'Oregon et est financée par lui,* non pas par le gouvernement fédéral. Si « réductions budgétaires » il y a en Oregon, elles concernent l'Oregon. La protection des côtes des États-Unis dépend du service fédéral des gardes-côtes. Les gardes-côtes en service actif en Oregon sont environ mille trois cents. La lutte antiterroriste dépend de la police fédérale, le FBI.

Commentaire : « La menace terroriste, ce n'est pas de ça qu'il s'agissait... Nous faire véritablement peur pour qu'on accepte leur véritable projet. »

Fin du quatrième mouvement : Moore a « démontré » que l'abruti putschiste a semé la peur, transformé les États-Unis en État policier, détruit la liberté des Américains en prétextant la menace terroriste.

Passage au cinquième et dernier mouvement : l'abruti putschiste va, dit Moore, agresser sauvagement un pays paisible et souverain pour assouvir sa rapacité financière.

Scènes de Bagdad en 2003. La vie est belle, tranquille, heureuse. Les enfants s'amusent.

Bush parle du lancement des opérations militaires.

Moore montre un bâtiment en feu, sans dire que c'est le ministère de la Défense à Bagdad.

Commentaire de Moore : « Le 19 mars 2003, George Bush et l'armée des États-Unis envahirent la nation souveraine d'Irak, une nation qui n'avait jamais attaqué les États-Unis, une nation qui n'avait jamais menacé d'attaquer les États-Unis, une nation qui n'avait jamais assassiné un seul citoyen américain. »

Rectifications : *la vie n'était pas belle en Irak, et on ne pouvait parler de « nation souveraine »*. L'Irak était une dictature totalitaire brutale au territoire couvert de charniers. Des villages kurdes avaient été gazés au nord, et des milliers de chiites massacrés au sud. Le régime était sous surveillance internationale depuis 1991.

Le régime irakien avait attaqué les États-Unis en ce qu'il avait armé et financé ceux qui ont perpétré l'attentat de 1993 contre le World Trade Center, et il avait accordé refuge à l'artificier de l'attentat, Abdul Rahman Yasin. *Le régime irakien avait assassiné ou fait assassiner des Américains* lors de l'invasion du Koweit par l'armée irakienne en 1990. Le régime irakien avait financé des terroristes palestiniens qui ont commis des attentats en Israël et tué des Américains.

Le régime irakien avait accordé l'asile à Abu Nidal et à Abou Abbas, responsable du détournement de l'Achille-Lauro et de l'assassinat de l'américain Leon Klinghoffer.

Le régime irakien avait menacé d'attaquer les États-Unis. Ainsi, dans un discours télévisé le 25 novembre 2000, Saddam Hussein avait déclaré : « Le peuple arabe n'a pas jusqu'à présent fait son devoir. Il doit prendre pour cible les intérêts américains et sionistes partout, et prendre pour cible aussi ceux qui protègent ces intérêts. »

Les plans suivants montrent des soldats américains au combat, et des femmes et des enfants blessés ou morts.

On ne voit pas un seul soldat irakien parmi les blessés ou les morts.

Des extraits de déclarations de soldats sont mis bout à bout et tirés de leur contexte, si bien que des descriptions se rapportant à un fait précis survenu à un endroit apparaissent comme des descriptions globales.

Il ne s'agit plus simplement de mensonges, mais d'une falsification d'ensemble, où les seuls soldats armés sont Américains, les seules victimes des civils innocents, les seuls propos tenus, des propos découpés de telle façon qu'on puisse penser que l'armée américaine, toujours, partout, « tire sur tout ce qui bouge » et massacre des gens paisibles. Moore montre de jeunes soldats qui écoutent de la musique en partant au combat. « C'est le pied intégral », dit l'un d'eux. Un autre répète les mots d'une chanson : « Crame, espèce d'enfoiré. » Suivent des images d'enfants ensanglantés, mutilés. *Moore invente à nouveau, prête aux jeunes soldats des pensées qu'ils n'ont pas, trahit leurs vraies pensées.*

Les plans de jeunes soldats qui écoutent de la musique ont été filmés par un documentariste australien, George Gittoes. Ce documentariste avait filmé ces plans à de tout autres fins, pour un film appelé *Soundtrack to War*. Moore a utilisé les plans sans le consentement de Gittoes. Il les a tronqués. Gittoes a protesté. En vain. Les propos complets des jeunes soldats montrent sans la moindre ambiguïté que, lorsqu'ils parlent d'« enfoiré », c'est à Saddam Hussein et à ses sbires massacreurs de Kurdes qu'ils pensent. *En prêtant aux jeunes soldats des pensées de massacreurs d'enfants, Moore dépasse là encore le niveau du mensonge et pratique, par falsification, une véritable incitation à la haine, voire une incitation au meurtre envers des soldats tels que ceux qu'il montre.*

Vient l'invocation des armes de destruction massive.

Colin Powell, février 2001 : « Il n'a pas développé d'armes de destruction massive. »

Colin Powell, dix-huit mois plus tard, expose à l'ONU le programme d'armes de destruction massive de l'Irak.

Condi Rice est présentée comme se contredisant elle aussi sur ce point à quelques mois d'intervalle.

À l'invocation des armes de destruction massive est accolée celle des liens entre Saddam Hussein et al-Qaida.

McDermott : « Ils ont simplement réussi à faire croire à une menace, alors qu'il n'y en avait pas. »

Discours sur l'État de l'Union prononcé par Bush en février 2003 : « Avant le 11 septembre 2001, beaucoup croyaient que le régime de Saddam Hussein pouvait simplement être endigué. Mais des agents chimiques, des virus létaux et des réseaux terroristes, eux, ne peuvent être aisément endigués. Imaginez ces dix-neuf terroristes avec d'autres armes et d'autres plans, armés, cette fois par Saddam Hussein. » Puis : « Certains ont dit que nous devions agir seulement quand la menace est imminente. Depuis quand les terroristes et les tyrans ont-ils annoncé leurs intentions et nous ont-ils avertis avant de frapper ? Si nous attendons que la menace émerge et se concrétise, nous aurons attendu trop longtemps. »

Moore ne dit pas que, sur une période de dix-huit mois, les renseignements dont dispose un gouvernement peuvent changer, et les renseignements ont changé.

Tous les services de renseignement occidentaux, services français et russes compris, indiquaient que l'Irak, à l'automne 2002, avait des moyens de produire des armes de destruction massive.

Nul ne sait ce que sont devenues les armes chimiques et bactériologiques dont les inspecteurs de l'ONU avaient commencé à faire la nomenclature avant d'être chassés d'Irak.

Nul ne nie jusqu'à ce jour que l'Irak avait des programmes en matières chimique, bactériologique et nucléaire.

Dire qu'il n'y avait pas de menaces ou de renseignements faisant état de menaces est faux.

Dire ou sous-entendre qu'il n'y avait ni armes de destruction massive ni projets d'armes de destruction massive est tout aussi faux.

Le rapport de la Commission sur le 11 septembre établit que, si le régime irakien n'est pas impliqué dans les attentats de 2001, *les liens entre al-Qaida et le régime irakien sont avérés.*

Une note du ministère de la Justice américain datée de 1998, au temps du gouvernement Clinton, souligne l'assistance offerte par l'Irak à al-Qaida dans le domaine de la « fourniture et du perfectionnement d'armements ».

Un membre haut placé de l'ambassade irakienne à Kuala Lumpur a été photographié à plusieurs reprises en compagnie de Khalid al Mihdhar, l'un des terroristes du 11 septembre. Et l'un et l'autre ont évoqué, selon un rapport de la CIA, la préparation de l'attentat contre l'*USS Cole* au large du Yémen.

Une fois la réalité des faits rétablie, le discours de Bush apparaît comme pleinement fondé.

Passage à la « Coalition des volontaires ».

Moore donne la liste des membres de la « coalition ». Il ne cite que des pays infimes ou minuscules, et superpose à leur nom des images caricaturales et ridicules. Palau, Costa Rica, Islande, Roumanie,

Maroc, Pays-Bas...Tous des sauvages vivant à demi nus en carriole, des Vikings moyenâgeux, des descendants de Dracula ou des drogués. Le Royaume-Uni, la Pologne, l'Australie, l'Espagne, l'Italie ne sont pas sur la liste fournie par Moore parce que ce ne sont pas des pays assez petits et assez pauvres.

Pour fausser le regard et faire croire que les États-Unis sont seuls avec quelques amis dérisoires ou achetés, Moore choisit d'occulter les amis des États-Unis qui ne sont pas dérisoires.

Accoler le Maroc, allié des États-Unis, à des images de babouins montre, en soi, tout le respect de Moore pour des pays arabes qui ne sont pas dirigés par un criminel anti-occidental.

Moore s'en prend aux médias américains. « Quand mon pays est en guerre, je veux que mon pays gagne », dit Dan Rather, présentateur vedette de CBS, et homme de gauche. « Il y a une partialité quand les Américains sont impliqués », disent plusieurs autres présentateurs.

En séparant hermétiquement ces citations de leur contexte, Moore sous-entend que le patriotisme crée un aveuglement, empêche les journalistes concernés de dire la vérité, et en fait donc, volontairement ou non, les complices des « crimes de Bush ». Il jette, sans fondement ni justification, un discrédit global sur toute une profession.

Le film passe alors aux soldats tués au combat dont les médias, « bien sûr », ne « parlent pas ». Moore montre des images d'enterrement. Celui qu'on porte en terre est le major Gregory Stone. Sa famille avait demandé que la cérémonie se déroule dans l'intimité. Les images ont été volées et utilisées sans l'accord de la famille. « Gregory était fier de servir son pays, et le film de Moore est putride », a dit la mère du major. *Par respect, les médias ne parlent effectivement pas des enterrements sans le consentement des familles. Les médias n'utilisent pas des images volées dans de telles circonstances.*

La suite oppose les images de Bush disant que « les opérations majeures de combat ont cessé » et des images de combat et d'actes terroristes destinées à montrer qu'en fait la guerre continue, et que le nombre de morts s'accroît sans cesse. Une phrase de Bush est sortie de son contexte : « Ça ne leur plaît pas d'être occupés. » Des soldats désabusés apparaissent. « Je ne sais pas ce qu'on fait là », dit l'un d'eux.

Il n'y a pas, dans ce passage, de mensonge précis. Simplement une sélection d'images et de mots destinés à montrer que l'armée américaine s'enlise et, surtout, *qu'elle se conduit mal*, que c'est le peuple irakien qui se soulève avec indignation contre une « occupation étrangère ».

On est à nouveau dans la falsification d'ensemble. Aucune image d'un soldat américain qui se conduit bien ou qui sait ce qu'il fait là. Aucune image d'un Irakien qui ne serait pas adepte de la colère ou de l'« insurrection ». Aucune image des élections organisées en Irak. Aucune image des attentats terroristes qui frappent la population irakienne. Les soldats américains, montre Moore, se conduisent mal, tous, globalement. Ils subissent globalement la « juste colère » d'un peuple tout entier « insurgé ». Tous les Irakiens morts sont tués par des Américains. Les Américains tués le sont par la volonté unanime du peuple irakien.

Le commentaire reprend : « Où allaient-ils trouver des recrues ? Dans les villes qui avaient été économiquement sinistrées, des villes où, pour trouver un emploi, il fallait s'engager dans l'armée ».

Donc « on » a voulu détruire économiquement des villes américaines et « on » condamne les pauvres à devenir militaires pour survivre, et à partir se faire tuer pour des guerres inutiles menées au profit de marchands d'armes et de compagnies pétrolières. Les États-Unis sont devenus une dangereuse dictature : Moore ne le dit pas, mais il le laisse entendre...

Une phrase de soldat : « Nous sommes là pour apporter les idéaux de démocratie et de liberté ». Les images suivantes montrent une perquisition de nuit dans une maison en Irak, des femmes en pleurs, des gens apeurés. Rien n'est dit sur les raisons de la perquisition. Il s'agit seulement pour Moore de montrer que l'armée américaine parle de liberté, mais pratique l'oppression la plus brutale. La démocratie et la liberté sont, insinue-t-il, de faux prétextes utilisés pour cacher le crime.

« Ils nous détestent, je me demande pourquoi », demande un autre soldat. Le spectateur, lui, grâce à

Moore, est censé comprendre aisément pourquoi « ils » détestent les Américains.

« L'immoralité engendre l'immoralité, dit Moore ; quand un Président commet l'acte immoral d'envoyer des jeunes faire une guerre qui repose sur un mensonge, voilà le résultat. »

Les images montrent un homme qui semble mort, et on entend des remarques de soldats américains sur le sexe de cet homme. On pourrait croire qu'il s'agit d'un combattant irakien. On pourrait croire que c'est un comportement immoral de soldats américains. La réalité est que, témoigneront des soldats américains et des journalistes qui ont vécu la scène, c'est un homme ivre mort ramassé sur la voie publique. *Une action de police dépourvue d'« immoralité » se trouve ainsi faussement présentée comme une action militaire « immorale ».* Moore continue : Bush parle élogieusement des soldats, mais « il a réduit leur paie de 33 % et l'aide à leurs familles de 60 %, il a refusé un milliard de dollars de prestations maladie, fait fermer des hôpitaux pour anciens combattants et essayé de doubler le prix de leurs médicaments ».

Réalité. *Pas de réduction de paie*, au contraire. Outre leurs salaires, les soldats présents dans des zones de combat reçoivent une prime de 150 dollars par mois. Cette prime existait avant l'intervention en Irak ; elle existe toujours. En avril 2003, le Congrès a voté une prime supplémentaire de 75 dollars. *Pas de réduction de l'aide aux familles.* Au printemps 2003, une aide compensatoire aux familles de 100 à 250 dollars par mois a également été votée. *Des fermetures d'hôpitaux, mais aussi des ouvertures.* Au cours de la même année 2003, certains hôpitaux pour anciens combattants considérés comme vétustes ou sous-utilisés ont effectivement été fermés, mais de nouveaux hôpitaux pour anciens combattants ont ouvert. *Pas de doublement de prix de médicaments.* Au printemps 2003, toujours, il a été décidé au Congrès de faire passer la franchise à payer pour les fournitures en médicaments de 7 à 15 dollars par mois pour les anciens combattants ayant des revenus à 24 000 dollars annuels. Tous ces éléments sont disponibles de manière détaillée sur le site du Department of Veterans Affairs : VA.gov

Le fragment de discours où Bush apparaît en smoking parlant, à une assemblée de gens riches et disant : « Certains vous appellent les possédants, je vous appelle ma base » est *totalement sorti de son contexte* et utilisé volontairement par Moore à des fins de malveillance et de tromperie. Il s'agit d'un fragment d'un discours prononcé le 19 octobre 2000, avant l'élection présidentielle, lors du 55e dîner de l'Alfred E. Smith Foundation, destiné à une levée de fonds en faveur de l'aide sociale fournie par les hôpitaux catholiques de la ville de New York. La tradition, dans ces dîners, est que les hommes politiques présents parlent avec humour. Al Gore participait lui aussi à ce dîner et s'est livré à diverses plaisanteries, comme l'a noté Mary Anne Poust dans un article traitant de l'événement (« Presidential hopefuls Gore and Bush mix humor and politics at Al Smith Dinner », *Catholic New*

York, 26 octobre 2000). Si Bush « dorlotait sa base », comme dit Moore, le 19 octobre 2000, que faisait Al Gore ? Participer à une levée de fonds à des fins caritatives, est-ce dorloter sa base ? Quel rapport existe-t-il entre un discours humoristique prononcé par Bush avant d'être Président et des décisions qu'il est censé avoir prises une trentaine de mois plus tard ? Quel rapport existe-t-il entre les décisions prises et ce qu'en dit Moore ?

Scène suivante. Jim McDermott parle des anciens combattants qu'on a « laissé tomber ». À l'appui, des images venant d'un reportage de NBC. *Les propos figurant dans le reportage ont été découpés par Moore.* Les soldats blessés disent qu'on parle trop peu des « blessés et des amputés », mais *ils le disent sur une grande chaîne de télévision qui leur donne la parole.* Ils n'ont pas accordé d'entretien à Moore. *Aucun d'eux n'a dit qu'on l'avait « laissé tomber ».* L'un d'entre eux, Peter Damon, indigné d'apprendre que Moore avait utilisé ces images, a porté plainte : « Je ne suis pas un enfant. J'ai décidé de partir là-bas. Je n'apprécie pas l'image qu'on donne de nous. Je suis à cent pour cent d'accord avec le Président. La plupart des autres, à l'hôpital, pensent comme moi. » *Moore utilise des images de blessés contre leur volonté, et sectionne leur discours pour leur faire dire autre chose que ce qu'ils pensent.*

Une femme appelée Lila Lipscomb, qui avait déjà été montrée par Moore un peu plus tôt dans le film, refait son apparition. Elle se dit patriote, fière d'être américaine, mais elle ajoute qu'elle a ouvert les yeux lorsque son fils, engagé volontaire en Irak, a été tué. Elle lit ce qui est présenté comme la dernière lettre envoyée d'Irak par son fils : une lettre où il dit qu'il est furieux, qu'il espère que « ce crétin ne sera pas réélu ». Lila Lipscomb est-elle représentative de toutes les familles de soldats blessés ou morts ? Non. Son discours et sa position sont très minoritaires. Elle est néanmoins la seule à qui Moore donne la parole. La lettre de son fils est-elle représentative de toutes les lettres de soldats ? Non encore. C'est néanmoins la seule lettre lue dans le film. De surcroît, *ce n'est même pas la dernière lettre envoyée par le fils de Lila Lipscomb à sa famille :* le lendemain, le fils de Lila Lipscomb a, comme l'a révélé le *Detroit Free Press*, écrit une seconde lettre à sa mère où il disait qu'il regrettait de s'être emporté et qu'il était fier de servir son pays. *Moore ne respecte même pas les dernières paroles d'un mort.*

Moore a payé à Lila Lipscomb un voyage à Washington aux fins de la filmer « en colère devant la Maison-Blanche ». Commentaire de Moore : elle m'avait « prévenu qu'elle devait aller à Washington pour assister à un congrès pour son boulot ».

« Bush tue des enfants irakiens, il tue des jeunes Américains », dit à Lila Lipscomb la vieille militante professionnelle qui campe sur la pelouse devant l'entrée principale du palais présidentiel depuis des années. « Bush est un terroriste. » Une autre femme s'interpose, on la voit dire que tout cela est faux et qu'il faut «incriminer al-Qaida». «Ce n'est pas al-Qaida qui a obligé mon fils à aller en Irak», dit Lila Lipscomb. La femme qui s'est interposée a parlé plus longuement à Lila Lipscomb, lui a présenté ses condoléances. Moore a coupé, comme toujours. Pour se plaindre qu'on l'ait fait passer pour un monstre d'insensibilité, la femme concernée n'a eu que des forums Internet. Elle a écrit à Moore, qui ne lui a même pas répondu.

«Tout ça pour quoi?» demande le mari de Lila Lipscomb.

Moore montre le P-DG d'Halliburton en 2003 parler de la reconstruction de l'Irak et du travail effectué en ce sens. Il montre ensuite Bush et Dick Cheney en juillet 2000, *trois années auparavant. Alors que Bush n'est pas à la Maison-Blanche*. Dick Cheney, qui a dirigé Halliburton, vient d'en démissionner pour se consacrer à la campagne électorale. Il va revendre toutes ses actions et n'aura *plus le moindre lien avec l'entreprise*. Le spectateur est néanmoins conduit à penser que Bush et Cheney ont voulu la guerre pour qu'elle profite à Halliburton et que Cheney en tire profit lui-même parce qu'il a, *autrefois*, dirigé Halliburton...

Il est question ensuite de l'argent qu'il y a à «gagner en Irak». «Quand le pétrole coulera, il y aura de l'argent à gagner», dit l'un des participants. «La guerre profite à certaines compagnies qui sont dans le business de la guerre», dit un autre, Sam Kubba, irakien celui-là. Des vieilles dames dans une maison de retraite parlent du nouveau « contrat obtenu par Halliburton » et savent de source sûre qu'il n'y a jamais eu d'armes dangereuses en Irak.

Lorsqu'un pays étouffé par trente ans de dictature se reconstruit, cela peut être profitable, effectivement. Lorsqu'une guerre a lieu, les entreprises de matériel et de logistique militaires gagnent de l'argent. Il peut même y avoir de la corruption. Des vieilles dames peuvent savoir des choses de source sûre, c'est évident.

Moore ne dit pas qu'il y avait de l'argent à gagner en Irak du temps de la dictature et des meurtres de masse. Il ne dit rien de ceux qui ont gagné de l'argent à cette époque et qui ont participé à ce que certains ont appelé de la « corruption massive ». Il ne dit rien parce qu'à l'époque, c'était la dictature.

Moore ne dit pas comment une économie peut fonctionner si les investissements ne sont pas profitables : multiplier les pertes permettrait-il de créer de la prospérité ? Michael Moore semble rêver de pertes pour les entreprises capitalistes, mais quand une entreprise fait des pertes et ferme ses portes, il se lamente et peste. Pour Moore, un entrepreneur a toujours tort. Par définition.

Ultime séquence : Moore devant le Congrès, en compagnie d'un marine, déserteur en uniforme, vient interpeller des sénateurs et représentants pour leur dire qu'« un seul enfant de membre du Congrès est en Irak » et que « les membres du Congrès auraient dû envoyer leurs enfants en premier ». Parmi ceux que Moore interpelle, un seul accepte la conversation : John Tanner, du Tennessee.

Au moment où le film est réalisé, sept enfants de membres du Congrès sont en Irak. Ce qui représente un pourcentage de soldats par famille de membre du Congrès supérieur au pourcentage total de soldats par famille dans toute la population américaine. Il y a en effet 535 membres du Congrès. Il y a environ cent cinq millions de familles aux États-Unis. En tout, trois cent mille soldats servent ou ont servi en Irak au moment où le film est réalisé.

Commentaire de Moore : « Ceux qui vivent dans les quartiers les plus défavorisés, qui fréquentent les pires établissements scolaires et qui mènent la vie la plus misérable sont toujours les premiers à défendre le système qui les écrase... Ils sont prêts à donner leur vie pour que nous soyons libres. Tout ce qu'ils demandent, c'est qu'on ne les expose au danger qu'en cas d'absolue nécessité. Nous feront-ils à nouveau confiance ? »

Les soldats sont des opprimés, des exploités, en somme, et après les avoir décrits comme des criminels, Moore se dépeint lui-même comme empli de compassion à leur égard.

Moore pense avoir montré qu'il n'y avait pas d'« absolue nécessité ». Puisqu'il a dit que Saddam Hussein n'avait ni tué ni menacé des Américains, ni, sans doute, qui que ce soit. Puisque, a-t-il ajouté, Saddam n'a jamais eu d'armes chimiques et puisque les Kurdes gazés ne sont pas mentionnés un seul instant dans le film.

Selon Moore on vivait heureux sous Saddam, et plus libre qu'aux États-Unis sous George W. Bush où il y a le Patriot Act.

Dès lors qu'al-Qaida n'est pas dangereux du tout et que tout cela est une affaire qui se joue entre les crapules de la famille Bush et les Saoudiens, la seule absolue nécessité serait sans doute d'en finir avec la famille Bush. Moore ne l'affirme pas avec ces mots, mais c'est ce qu'il dit, en fait, en cet instant, depuis près de deux heures.

La cinquième partie du film s'achève.

Moore pense que sa démonstration est complète.

L'abruti putschiste, nous dit Moore, a mené sa sale guerre pour le profit des milliardaires texans, des Saoud, des Ben Laden. Il a assassiné des Irakiens et fait tuer des Américains. Il a fait avancer la misère et détruit la liberté.

Pour être sûr que tout le monde a bien compris, Moore ajoute une phrase de George Orwell : « Il ne s'agit pas de gagner la guerre, mais de la prolonger indéfiniment. Une société hiérarchisée n'est possible que si elle repose sur la pauvreté et sur l'ignorance. Leur version devient une vérité historique et rien d'autre ne peut avoir existé... Le but de la guerre est de maintenir la société au bord de la famine. La guerre est menée par l'élite contre ses propres sujets. »

En somme : toute cette mobilisation contre le terrorisme depuis le 11 septembre 2001 n'est qu'un prétexte. Moore vous l'a dit : « Il n'y a pas de menace terroriste ! » La vraie guerre est celle que le gouvernement Bush mène contre le peuple américain et tous les peuples libres. Les Américains sont maintenus dans la misère et l'abrutissement par quelques milliardaires cyniques. Et d'autres populations du monde sont les victimes collatérales de la rapacité de ceux qui oppriment le peuple américain.

Sur son site Internet, Moore sera plus explicite que dans le film : « Les Irakiens qui se sont levés contre l'occupation ne sont pas des "insurgés" ou des "terroristes", ou "l'ennemi". Ils sont la Révolution ». Et Moore les compare à ceux qui se sont levés en 1776 pour que les États-Unis existent. Moore a écrit aussi sur ce même site : « Oussama Ben Laden devrait être considéré comme innocent jusqu'à ce qu'il soit prouvé qu'il est coupable. » Quelques jours après le 11 septembre, Moore s'était déclaré opposé à toute intervention militaire en Afghanistan : « J'ai peur qu'on ne nous entraîne dans une guerre qui ne fera rien pour nous protéger de prochaines attaques terroristes. »

Cette phrase, elle, est venue plus tard : « Nous, les États-Unis d'Amérique, sommes coupables de commettre tant d'actes de terreur et de crimes de sang que nous devons comprendre la culture de la violence dont nous sommes des participants actifs. » Elle est de Moore aussi.

Une autre phrase : « Les cow-boys américains récoltent les fruits de leurs crimes contre l'humanité. »

Celle-là n'est pas de Moore, mais de Saddam Hussein, après le 11 septembre.

« Ce film arrache son masque au Grand Satan américain », clamera, à propos de *Fahrenheit 9/11*, l'un des dirigeants de la République islamique d'Iran, visiblement enthousiaste. « Il dit aux peuples musulmans qu'ils ont raison de détester l'Amérique. C'est le devoir de tout musulman de voir le film et d'apprendre la vérité. » Dans l'article qu'il a consacré au film, Christopher Hitchens, constatant que Moore cite Orwell et la description du monde totalitaire de *1984* aux fins de décrire les États-Unis sous George W. Bush, propose une autre citation d'Orwell qui me semble, effectivement, plus adéquate. « Il existe une minorité d'intellectuels dits pacifistes dont la motivation véritable mais inavouée semble être leur haine de la démocratie occidentale et une admiration pour le totalitarisme. »

Moore se dit-il pacifiste ? Même pas. Est-ce un intellectuel ? Il ne revendique pas ce titre. La haine pour la démocratie occidentale et l'admiration pour le totalitarisme, en revanche...

Il émane jusqu'à aujourd'hui de *Fahrenheit 9/11* des effluves cloacales. Bush est un crétin et un voleur, dit l'un. Les Bush ont trempé dans des combines sales avec les Ben Laden, dit l'autre. Saddam Hussein n'a jamais eu d'armes de destruction massive, suggère un troisième. Les États-Unis sont allés en Irak pour le pétrole, ajoute celui qui veut se joindre à la conversation. Tous sourient avec jubilation en apprenant qu'il y a eu un nouvel attentat à Bagdad.

Plus personne ne semble se souvenir de ce que c'était, l'Irak sous Saddam. Plus personne ne semble se rappeler de l'horreur et du choc du 11 septembre.

Plus personne ne dit un mot sur les bases d'entraînement d'al-Qaida dans les montagnes d'Afghanistan, sur les indignations successives suscitées par les exactions des talibans.

Quand Bush n'est pas traité de crétin et de voleur, il est traité de dictateur, de criminel.

Il est davantage méprisé aujourd'hui que Ben Laden, et davantage détesté aussi.

On n'évoque guère le sort du peuple irakien, sinon, avec un mépris dédaigneux, pour dire que le pays est un « bourbier ». On guette avec impatience le jour où le dernier soldat américain quittera l'Irak. Et si cela se produit, si le terrorisme finit par l'emporter, si, sur sa lancée, il se montre à nouveau d'une violence meurtrière plus sanguinaire, on dira que tout ça, c'est, pour l'éternité, la faute de George W. Bush.

Des effluves cloacales, oui.

Jamais un film, ses retombées et ses effets secondaires n'avaient à ce point empuanti l'atmosphère de la planète et obscurci la vue de millions d'êtres humains.

Dans une époque où l'islamisme reste menaçant, où le terrorisme frappe et frappera encore, où des armes au pouvoir létal inouï peuvent aisément tomber entre les mains les plus immondes et les plus fanatiques, les conséquences de l'empuantissement de l'atmosphère et de l'obscurcissement de la vue de tant de gens pourraient être graves, faire des dizaines, voire des centaines de milliers de morts.

Ce chapitre a été long. Je devais être minutieux.

Rien de ce que Moore pourra faire par la suite ne sera aussi lourd de conséquence. Rarement un être humain qui n'est ni un dictateur fou, ni un névropathe disposant d'une armée ou des moyens de disséminer un fanatisme d'assassin suicidaire, se sera révélé aussi nuisible.

Le visage de l'horreur, disais-je.

Moore pourra changer de sujet, parler d'autre chose, tenter d'endosser à nouveau un costume de clown, se poser en humaniste, l'horreur sera là. Indélébile.

8. Te croiront-ils à nouveau ?

2004 fut donc l'année de l'apogée. Ce fut aussi, aux États-Unis, l'année où l'irritation concernant Moore commença à se répandre.

Moore donnait des conférences dans les universités et sa venue suscitait l'enthousiasme des gauchistes, l'hostilité des conservateurs et une sorte de malaise chez les adeptes d'une gauche modérée ou chez les défenseurs des causes humanitaires. Des interrogations affleuraient, dites à demi-mot d'abord, puis d'une manière plus audible. Moore servait-il vraiment la gauche ? Ou contribuait-il à la décrédibiliser en lui donnant une image d'extrémisme irresponsable, d'outrance verbale, et d'irrespect pour les faits et pour les êtres humains ? Pouvait-on considérer comme un défenseur des opprimés un type qui demandait un minimum de 20 000 dollars pour venir parler une heure, et qui semblait surtout vouloir le faire sur lui-même et mener une opération de promotion personnelle ?

Pendant les élections primaires précédant la présidentielle de novembre, quelques démocrates s'affichèrent avec Moore, et découvrirent très vite qu'être embrassé par Moore revenait à recevoir le baiser de la mort et connaître une baisse dans les sondages.

Moore avait, dès l'automne 2003, apporté son soutien à la brève candidature de l'ex-général Wesley Clark, et celui-ci, malgré tous ses efforts, ne s'en était jamais relevé.

Un groupe conscient du fait que Moore était un handicap pour la crédibilité du camp démocrate lança une pétition sous l'intitulé « Démocrates unis contre Michael Moore » (DUAMM). « Nous ne gagnerons pas la bataille des idées en nous abaissant à ce niveau », disait le texte. « Les gens votent aussi avec leurs tripes et pour le candidat dont ils se sentent le plus proche. Regardez Michael Moore et demandez-vous si un citoyen de l'Amérique profonde peut se sentir quoi que ce soit de commun avec lui. »

Lors de la convention démocrate destinée à désigner le candidat, John Kerry, Moore fut sur place, à Boston. On lui attribua un siège de choix dans les tribunes, juste à côté de l'ancien Président Jimmy Carter. Il donna quelques interviews, mais il fut étonnamment discret et Kerry, désireux de garder quelques chances d'être élu, prit bien soin de n'être ni vu ni photographié à côté de Moore.

Quand l'élection approcha et qu'il sembla évident que Bush serait réélu, Moore organisa à la hâte une tournée des stades et des salles de sports, destinée à inciter les indécis et les abstentionnistes à faire le « nécessaire » aux fins que l'impensable (un second mandat de Bush) ne se produise pas. La tournée reçut le soutien d'organisations assez agitées telles que Move-on, créée par des membres de la gauche caviar pour défendre Clinton au temps de l'affaire Lewinsky. Elle connut un succès d'autant plus grand que Moore promettait à ceux qui viendraient une projection de film gratuite, une distribution de sous-vêtements, et des conseils aux jeunes pour échapper à l'emprise de leurs parents. La tournée avait un nom : « Slackers Tour ». La tournée des feignants. Elle avait un mot d'ordre répété à chaque étape : « Fainéants du monde, unissez-vous ! », ce que Moore déclinait aussi sous une forme plus « élaborée » : « Dormez jusqu'à midi, buvez de la bière, votez Kerry », ou, variante nettement plus intellectuelle : « Piquez un roupillon, trouvez un petit cul, choisissez Kerry... »

La tournée ne changea rien au résultat final. Moore donna à ceux qui l'avaient suivi des raisons de ne pas désespérer : Bush ne pourrait pas se présenter une troisième fois en 2008, et ce serait, de toute façon, bientôt la fin pour celui que Moore avait qualifié plusieurs fois d'« idiot de la Maison-Blanche ». Moore ajouta que l'élection avait été serrée : sur cent millions de votants, la différence entre Bush et Kerry représentait « seulement trois millions et demi de voix ».

En parallèle, Moore avait fait paraître un « guide officiel du film *Fahrenheit 9/11* » qui donnait le détail et les références de tous les faits cités dans le film.

À regarder détails et références, on se rend compte que Moore donne des références exactes, mais sans signaler ce qu'il a coupé et ce qu'il a omis dans le film. On peut voir aussi que nombre de ces références renvoient à des livres, qui renvoient à des articles, qui ne renvoient à rien ni à personne...

Moore fit publier aussi un CD des musiques et des chansons utilisées pour le film, puis un autre CD :

« Chansons et artistes qui ont inspiré *Fahrenheit 9/11* ». Chaque chanson de ce second CD était accompagnée d'un commentaire de Moore lui-même. « Quand je fais un film, dit-il, je prends mon lecteur de CD, et j'y place des albums dont la musique reflète mon état d'esprit et les raisons qui me motivent... Ces chansons ne sont pas les miennes, mais je les ressens au plus profond de moi. » Tous ceux qui voulaient ressentir ce que Michael Moore éprouvait, d'instant en instant, n'avaient plus qu'à acheter le CD. « L'instinct du marketing de Michael Moore est à la hauteur de son talent de provocateur », écrivit un critique.

L'une de ses remarques à un journaliste qui lui demandait s'il n'y avait pas contradiction entre faire de l'argent sur un mode très capitaliste, et pester sans cesse contre le capitalisme : « Cela prête à sourire, n'est-ce pas ? »...

À l'automne 2004, Moore fit encore paraître un livre. Sur la couverture, on voyait Moore lui-même regarder l'acheteur potentiel avec des yeux empreints de colère et de culpabilisation, et, dans les mains de Moore, comme une offrande, un drapeau américain plié, minuscule, dérisoire. Le titre du livre était : *Will They Ever Trust Us Again ?* Nous feront-ils à nouveau confiance ? Le sous-titre était « Lettres de la zone de guerre. Les troupes et leurs familles écrivent à Michael Moore ».

Moore déclara, lors de la sortie du livre, que celui-ci contenait quelques-unes seulement des milliers de lettres qui lui avaient été adressées par des soldats en Irak ou par des membres de leur famille. Plus de la moitié des lettres contenaient des remerciements adressés à Moore pour son « courage », son « intégrité », son « audace », pour n'avoir pas cédé au politiquement correct et pour avoir osé dénoncer une « guerre injuste ». Quasiment toutes les lettres renfermaient des insultes envers George W. Bush et des propos incendiaires sur ses « mensonges » et son comportement « criminel ». Entre les louanges adressées au grand Michael Moore et les imprécations contre l'ignoble Bush, on trouvait des récriminations contre l'usage fait par le gouvernement des soldats de l'US Army (« J'ai signé un contrat avec le gouvernement pour servir dans l'armée, mais je n'aurais jamais pensé que l'armée serait utilisée d'une manière aussi infâme et qui confine à l'escroquerie »), des paroles de désespoir (« Je crains que ce ne soit le dernier Noël que je passe avec mes enfants », « Je voulais seulement gagner de l'argent de poche et me payer des études ; maintenant j'ai peur, je suis en colère, et je veux trouver un moyen de m'en sortir »).

Dans l'introduction, Moore écrivait ceci : « Ce qui rend ces commentaires si uniques est que ce ne sont pas les mots de la gauche ou la rhétorique du mouvement contre la guerre, mais qu'ils viennent de la guerre elle-même. »

« Poignant », déclara un commentateur. « Le meilleur livre de Moore à ce jour », dit un autre.

L'irritation envers Moore, en parallèle, ne fit

que prendre de l'ampleur. Certains firent remarquer que l'armée des États-Unis avait plus de un million de membres et que, quand bien même Moore aurait reçu des « milliers de lettres », comme il le disait, cela ne représenterait qu'une infime proportion du personnel militaire américain dans son ensemble. D'autres soulignèrent que Moore donnait la parole uniquement à ceux qui étaient contre la guerre, contre Bush et qui considéraient que Moore éclairait leur esprit. D'autres affirmèrent que, puisque les noms des auteurs des lettres étaient obstinément tenus secrets par Moore, et puisque Moore n'avait jamais cherché, même auprès de journalistes, à prouver l'authenticité des lettres elles-mêmes, tout cela « sentait la fabrication ».

« En prétendant donner la parole aux soldats, Moore donne la parole à une petite minorité qui ne peut en aucun cas être présentée comme reflétant l'état d'esprit qui règne dans l'armée. C'est une honte ! », déclara un militaire sur une radio. « Ceux qui, comme moi, sont patriotes défendent leur pays et pensent que nous nous battons pour une cause juste, se sentent trahis », continua-t-il. « Moore donne une image fausse de l'armée. Il prétend se situer du côté des soldats. Il fait en réalité du sabotage et cherche seulement à faire le jeu de ses amis terroristes », dit un autre militaire sur une autre radio.

L'indignation de nombreux soldats trouva à s'exprimer sur Internet et sur les sites consacrés à dénoncer Moore, qui se multiplièrent. Moorewatch, mooreexposed, moorelies, watchingmichaelmoore et spinsanity virent leur audience s'accroître et devinrent les lieux où ceux qui n'avaient pas la parole ailleurs pouvaient dire librement ce qu'ils pensaient. Un livre rédigé par David Hardy, de mooreexposed, et Jason Clarke, de moorelies, devint un best-seller. Le livre s'appelait, très explicitement, *Michael Moore Is a Big Fat Stupid White Man*, « Michael Moore est un homme blanc, gros, gras et stupide ».

Plusieurs films virent le jour, et *Celsius 41.11* n'est que l'un d'entre eux. Je pourrais citer *Fahrenhype 9/11*, par exemple, auquel ont participé Zell Miller, ancien sénateur démocrate, et Dick Morris, ancien conseiller en communication de Bill Clinton, ou *Michael Moore Hates America* de Michael Wilson. « Un film bien plus profond et précis que les partisans de Michael Moore pourraient le penser », écrira Robert Koehler dans *Variety*.

Dick Morris proposa à Moore un débat public : « Joe Louis a déclaré autrefois qu'un boxeur qui monte sur le ring avec lui peut courir, mais ne peut se cacher. Il est temps que Michael Moore cesse de se cacher et se voie demander des comptes sur les déformations, les erreurs volontaires qui abondent dans ses films. » Dick Morris encore : « Nous feront-ils à nouveau confiance, demande Michael Moore en prétendant parler des soldats américains. La question qu'il devrait se poser est plutôt : te feront-ils confiance ? Ceux qui t'ont cru te croiront-ils à nouveau ? »

Alors que le doute, le scepticisme, voire le mépris envers lui s'installaient aux États-Unis, Moore se replia et fit peu parler de lui. Il publia une réponse d'ensemble peu convaincante à ses détracteurs, les qualifiant de *wackos attackos*, ce qu'on pourrait traduire par « agresseurs délirants ». Il continua à écrire, sporadiquement, des billets d'humeur sur son site personnel. Il accorda de rares interviews. Il comprenait, semble-t-il, qu'une page était très vraisemblablement en train de se tourner.

L'essayiste Peter Schweitzer, dans un livre paru en 2005, *Do As I Say (Not As I Do)*, « Faites ce que je dis (pas ce que je fais) », révéla, documents à l'appui, que Moore était non seulement propriétaire d'une résidence luxueuse à Manhattan, mais qu'il avait acquis une résidence secondaire à Central Lake Michigan, un endroit très chic et très exclusif, réservé aux Blancs. « Ce qui est pour le moins étrange ou significatif de la part de quelqu'un qui ne cesse de reprocher aux Américains blancs leur comportement raciste envers les Noirs », déclara Schweitzer. Moore ayant écrit que trop de comportements discriminatoires envers les Noirs existaient dans les entreprises américaines, et ayant ajouté qu'il attendait des candidatures de Noirs pour son travail cinématographique, Schweitzer fit le décompte du nombre de gens qui avaient travaillé pour Moore depuis le temps de son premier film jusqu'à *Fahrenheit 9/11* : cent trente-quatre personnes, dont deux Noirs en tout et pour tout.

Schweitzer révéla aussi que, pour échapper aux impôts, Moore avait créé une fondation à but non lucratif dont lui et son épouse étaient les réels et seuls bénéficiaires. Moore avait acheté par l'entremise de cette fondation des milliers d'actions en Bourse d'entreprises telles que Halliburton, Pfizer, Schlumberger (spécialisée dans les forages pétroliers), mais aussi Boeing, Sonoco, Eli Lilly, Bank One, ou Best Foods. « Le fait que des gens spéculent en Bourse ne me pose aucun problème », dit Schweitzer, « mais spéculer en Bourse et gagner sa vie en traitant les spéculateurs de voleurs et les entrepreneurs de truands révèle une immense hypocrisie. Déclarer ne posséder aucune action en Bourse car ce serait immoral et acheter en même temps des milliers d'actions en Bourse est le comble de l'immoralité. »

Moore tenta de répliquer, très mollement. Schweitzer se fit ironique : « Michael Moore doit avoir affaire à un voleur. Le voleur a établi un système d'évasion fiscale et l'a domicilié à l'adresse personnelle de Moore dans le Michigan. Le voleur a transféré des sommes importantes du compte personnel de Moore au profit du système d'évasion fiscale et a embauché un courtier en Bourse aux fins d'investir cet argent en actions et en bons du trésor. Le voleur a appris à imiter parfaitement la signature de Moore. Et il doit ressembler trait pour trait à Moore, puisque la seule autre personne impliquée dans le système d'évasion fiscale est l'épouse de Moore, Kathleen Glynn ; or celle-ci n'a rien remarqué de suspect. »

Moore n'insista pas.

Bernard Goldberg, ancien journaliste à CBS, plaça Moore à la première place dans son livre *100 People Who Are Screwing Up America* (« Cent Personnes qui détraquent l'Amérique »). Le livre connut un immense succès. Moore ne chercha pas à répliquer ou à répondre, sachant trop bien que les citations données par Goldberg étaient exactes, y compris celles où Moore dit que « les Américains sont le peuple le plus stupide de la terre ». Les paroles ont été prononcées devant un auditoire d'étudiants allemands ; elles ont été retranscrites dans la presse allemande.

Humberto Fontova, journaliste américain d'origine cubaine, publia plusieurs articles où il rappela quelles paroles de mépris et de détestation Moore avait pu tenir concernant les Américains issus de Cuba, et quels qualificatifs il avait utilisé à leur égard : « voleurs », « trafiquants de drogue », « lavettes ». Fontova exhuma un texte peu connu de Moore, « Lettre à Elian Gonzales », où Moore s'en prenait, dans un style très venimeux, à la mère décédée d'un jeune garçon qui avait choisi d'emmener son fils sur une embarcation de fortune aux fins de rejoindre les États-Unis. « Ta mère a décidé de te kidnapper... À Cuba, tu courais le risque de bénéficier de soins médicaux gratuits à chaque fois que tu en aurais besoin et de recevoir une excellente éducation dans l'un des rares pays où le taux d'alphabétisation est de cent pour cent... Ta mère t'a enlevé et t'a mis sur ce bateau de mort simplement parce qu'elle voulait se faire plus d'argent. Elle t'a placé dans une situation où vous étiez sûrs de mourir en pleine mer, et c'est honteux et impardonnable. C'était une forme absolue d'abus sur mineur. »

David Brooks, dans le *New York Times*, avait déjà traité des penchants antisémites qu'il pensait détecter chez Moore, « tout particulièrement lorsqu'il s'agit de juifs israéliens ». Dans une conférence en Grande-Bretagne, Moore, répondant à la question de quelqu'un qui lui demandait où se trouvaient, selon lui, les sources du mal dans le monde contemporain, avait répondu : « Les compagnies pétrolières, Israël, Halliburton. »

Il fut révélé qu'au temps où Moore avait tourné *Roger et moi*, il avait envisagé de réaliser un film à la gloire de l'Intifada palestinienne. Les titres envisagés étaient *Yitzak et moi*, ou *West Bank Story*. « Si le film avait vu le jour, vous auriez vu plus vite le vrai Michael, et vous n'auriez pas aimé du tout ce que vous auriez découvert », a déclaré l'un de ceux qui, à l'époque, avait été associé au projet et en avait gardé des traces et des souvenirs.

Moore chercha à se faire oublier un peu. Les vents de la colère et de l'indignation qu'il avait soulevés finiraient, pensait-il, par faiblir...

Et puis, malgré la colère et l'indignation, malgré les révélations embarrassantes le concernant, les controverses n'étaient pas sorties des États-Unis et n'avaient pas gagné le reste du monde. Ailleurs, en Europe, en

Asie, dans le monde arabe, en Amérique latine, les retombées de ce qu'il avait propagé continuaient à faire leur effet. Des disciples avaient vu le jour. Des opportunistes avaient profité de la vague créée par Moore et en avaient tiré avantage, glissant, dans l'air du temps, de leur propre pays, des fragments de la pourriture matricielle élaborée par Moore. Des sous-produits multiples étaient nés, mais aussi des réflexes conditionnés, des courbures dans la façon de regarder le monde.

Moore a lu Marx et Engels ou, pour le moins, il en a entendu parler. Il sait ce qu'est le travail de la taupe qui creuse, creuse encore, sape les fondations, prépare l'effondrement. Moore sait qu'il a fait un travail de taupe et il a eu le pouvoir de le faire à une échelle planétaire. Moore n'a pas lu Gramsci, mais l'idée gramscienne d'hégémonie lui a, sans nul doute, traversé la tête. Il faut, disait Gramsci, insinuer nos idées dans les esprits jusqu'à ce que les débats, dans leur intégralité, se déroulent sur l'arrière-fond de nos idées. Moore a contribué à créer une sorte d'hégémonie.

Les débats sur la situation en Irak, sur Bush, sur le rôle des États-Unis dans le monde, sont teintés de toutes parts des idées et des infra-idées propagées par Moore, ses disciples, les opportunistes, les sous-produits...

Moore a pu laisser dire ceux qui ont dit qu'il spéculait en Bourse, mais aussi ceux qui ont dit qu'il s'intéressait de manière obsessionnelle à l'argent qu'il pouvait amasser. Et pourquoi n'aurait-il pas laissé dire : *il a effectivement fait fortune.* Il vit très bien, merci pour lui.

Il a pu laisser dire ceux qui ont dit qu'il a amassé sa fortune en invectivant des gens qui ont, désormais, parfois moins d'argent que lui et en posant au gauchiste. *Il a effectivement fait fortune en posant au gauchiste, en invectivant, en insultant.*

Et je ne veux pas en douter : il est très vraisemblablement *sincère* dans son gauchisme. Il se dit sans doute que s'il est devenu très riche en exaltant des idéaux révolutionnaires, cela ne change rien à ses idéaux révolutionnaires, et cela ne l'oblige aucunement à contribuer aux causes révolutionnaires qu'il défend verbalement. Les idées sont une chose, et le portefeuille est une tout autre chose.

Je ne veux pas en douter : il a vraisemblablement bonne conscience et pense qu'il œuvre pour des idéaux plus élevés. Il pense aussi, certainement, que ceux qui le critiquent ou ne le rejoignent pas sont des crétins et des ordures vis-à-vis de qui l'avenir se montrera sans merci.

Il pense même sans doute qu'il est un véritable patriote, un Américain digne de ceux qui ont fondé l'Amérique, quelqu'un qui est resté fidèle aux idéaux américains, et tant qu'il se trouvera des gens pour le croire, il le croira lui-même, ce qui ne l'empêchera pas de trouver désopilants les passages de *Bowling for Columbine* où il montre les premiers Américains comme des criminels totalement débiles et absolument racistes.

Il pense vraisemblablement qu'en traînant dans le purin et le lisier la réputation de l'armée américaine, il aide les jeunes recrues de l'armée américaine. Et quand des soldats s'indignent qu'il ait utilisé leur image et leurs propos de manière malhonnête, je suis certain qu'il ricane et se dit, comme tous les gens de son espèce, que la fin justifie les moyens, strictement tous les moyens.

Il pense qu'en incitant à abandonner les Irakiens aux bombes et aux longs couteaux d'al-Qaida, il aide les Irakiens, et qu'en « comprenant » ceux qui vont déchiqueter des enfants dans un bus à Tel-Aviv, il apporte sa pierre à la liberté des Israéliens et des Palestiniens. Et quand des Irakiens, qui se sont procuré une copie de *Fahrenheit 9/11*, lui répondent avec colère en lui disant qu'il n'imagine pas ce qu'était la vie en Irak sous Saddam Hussein, il se dit, j'en suis certain, que ce sont de mauvais Irakiens, des réactionnaires, peut-être même des « lavettes », comme les Cubains qui ont fui les bienfaits dispensés par Fidel Castro. Quand des Israéliens lui disent d'imaginer ce que c'est qu'être sans cesse sous la menace terroriste, il leur répond que si les Israéliens étaient à la place des Palestiniens, ils feraient ce que font les Palestiniens.

Moore pense sans aucun doute que les États-Unis, sous Bush, sont la pire dictature que la planète ait jamais connue, et il estime que c'est bon signe de voir tant de gens dans le monde penser comme lui et détester les États-Unis.

Il est très vraisemblablement sincère, mais *la sincé-*

rité n'excuse rien. Lénine était sincère. Hitler l'était aussi. Pol Pot était d'une effroyable sincérité.

Moore se replia, donc. Sachant que les graines qu'il avait semées étaient en train de germer, de croître, de multiplier, d'éroder, de faire leur œuvre. Il continua à écrire sur son site personnel. En 2005 et 2006, il se fit entendre fort peu.

Lors du passage de l'ouragan Katrina sur La Nouvelle-Orléans, il saisit l'occasion pour écrire un texte où il était question, une sempiternelle fois, de la « stupidité » de Bush et de la « rapacité » de son entourage. Mais ses mots se perdirent dans le tumulte ambiant et s'éteignirent quand le tumulte retomba.

Lorsque les démocrates gagnèrent les élections de mi-mandat en novembre 2006, Moore y vit un signe que les espoirs qu'il avait formulés deux années auparavant n'étaient pas vains et sans fondement. La population américaine a enfin « compris », nota-t-il. L'armée devait se retirer d'Irak immédiatement, accorder une victoire à al-Qaida, attendre la « paix » qui viendrait sans nul doute, permettre aux Irakiens de retrouver le bonheur dont, pense Moore, ils jouissaient au temps béni de Saddam...

Bien que les dirigeants du parti démocrate pensent, selon toute apparence, aujourd'hui, comme Moore, ils n'ont pas réussi à exaucer le vœu de Moore, et n'ont pas reconnu une débâcle que Moore juge salubre et nécessaire. Ils n'ont pas exigé et obtenu un retrait immédiat des troupes d'Irak. Moore, sur son site, se déclare déçu, pense qu'il a affaire une fois encore à des « poules mouillées » sans consistance, et il affirme attendre la suite. Car, pour lui, non seulement la débâcle va venir, mais elle *doit* venir, et *si elle est catastrophique, ce sera, à ses yeux, encore mieux.* À l'automne 2008, des élections vont avoir lieu. Bush ne pourra pas se présenter une troisième fois. Moore va faire campagne pour les démocrates.

Mais il est absolument évident que le candidat démocrate, Hillary Clinton ou Barack Obama, ne sera pas assez radical à ses yeux. Et il est plus que jamais évident qu'être embrassé par Moore, c'est recevoir un baiser mortel.

En 2007, Moore a sorti un nouveau film sur lequel il travaillait depuis longtemps. Et parce qu'il a compris qu'une page désormais est tournée ou presque, il a changé de terrain et de sujet.

Il ne s'agit plus de la guerre, de la paix. Il ne s'agit plus d'Irak, de terrorisme, de Ben Laden. « Tout cela est derrière nous », dira Moore dans une conférence de presse, comme si la débâcle était désormais, à ses yeux, une chose assurée. Il ne s'agit plus de la guerre, non. Ou alors, sous la forme d'un écho, puisqu'on retrouve le 11 septembre, sous l'angle de sauveteurs désormais malades. Il s'agit de vie et de mort. Il s'agit de la vie qui se mène dans l'intervalle et de la façon dont on peut la mener.

Il s'agit des États-Unis d'Amérique, toujours, mais sous un angle plus intime, plus crucial encore et qui, dira Moore, « concerne chacun de nous, Américains, et nous incite à nous demander qui nous sommes ».

Le film, on le sait, s'appelle *Sicko* et concerne le système de santé américain. Bien qu'ils soient plus riches, plus puissants, plus avancés technologiquement, bien qu'ils dépensent dans ce secteur bien davantage que tous les autres peuples, les Américains, dit Moore, ont un système de santé profondément défaillant, absolument arbitraire et sans la moindre qualité. Alors qu'au Canada, juste au nord de la frontière, au Royaume-Uni, au-delà de l'Atlantique, en France...

Alors qu'à Cuba même, malgré les difficultés, la pauvreté, l'embargo... Moore, c'est très visible, aimerait que *Sicko* ouvre un nouveau chapitre dans son œuvre, qui lui permette de laisser le passé au passé, y compris le passé proche, lui offre de sortir « par le haut » de tant de polémiques, lui donne une image assagie. Le pari, en Europe, sera peut-être réussi. Et encore... Aux États-Unis.

Aux États-Unis, ce sera plus difficile...

Mais. Très exactement, très précisément, que dit *Sicko* ?

9. *Sicko* ?

Il s'agit d'abord, globalement, génériquement, de montrer un « système en faillite ».

Moore, sur son site, a demandé, en 2005, à des Américains de lui envoyer des « histoires d'horreur » dans le domaine médical et il a, semble-t-il, été exaucé. Il a même pu filmer des scènes spectaculaires et parfois difficiles à regarder en face.

Un homme en est réduit à recoudre lui-même, avec du fil et une aiguille, et sans anesthésie, une blessure ouverte sur sa jambe. Un autre homme, qui a eu deux doigts sectionnés lors d'un accident, se voit confronté à un choix : recoudre son majeur lui coûtera 60 000 dollars, qu'il devra payer de sa poche. Il pourra aussi choisir de garder seulement le doigt d'à côté, l'annulaire, et là ce sera moins cher, 12 000 dollars seulement. Retrouver les deux serait pour lui absolument hors de prix. *Don't even think about it.* N'y pensez même pas, comme on dit outre-Atlantique. L'homme choisira le doigt à 12 000 dollars, l'autre doigt finira à la poubelle.

Des membres de la classe moyenne américaine se trouvent confrontés à une maladie grave. Leur effondrement financier est si spectaculaire et si vertigineux qu'ils se retrouvent à devoir vivre dans l'appentis et le garage de la maison de leur propre fille à Denver, dans le Colorado.

Une femme se voit refuser la prise en charge de

l'ambulance qui l'a emmenée à l'hôpital parce qu'elle n'avait pas demandé un accord préalable. Et pour cause, elle était, avant le trajet, en état de choc traumatique. Une autre a dû se résigner, désespérée, à voir son enfant mourir parce que l'assurance dont elle disposait ne couvrait pas l'enfant, tout au moins pas dans l'établissement où elle était allée en urgence.

Les États-Unis, dit Moore, ont le pire système de santé du monde développé. « Plus de quarante-sept millions de gens n'ont pas d'assurance santé », et parmi eux des millions d'enfants. « Dix-huit mille de ces gens meurent chaque année parce qu'ils ne sont pas assurés. » Mais ce serait trop facile, continue-t-il, de parler de ces gens, de ces pauvres, de ces misérables.

Ce qui est nécessaire est de parler des autres : ceux qui sont censés disposer d'une bonne couverture, qu'ils la paient eux-mêmes ou qu'elle soit payée par leur entreprise. Ceux-là, dit Moore, sont victimes d'une gigantesque escroquerie. Ils paient, mais ne sont pas soignés, ou alors, ils le sont très mal, ou bien ils se retrouvent placés dans une situation qui va les conduire à tout perdre.

La cause est, bien entendu, le capitalisme, poursuit Moore. Encore et toujours lui !

La raison en est, derrière le capitalisme, mais pas très loin derrière, la quête du profit, la corruption et (l'auriez-vous deviné ?) une sorte de complot, une fois encore. Le coupable, cette fois, n'est pas la famille Bush (encore que celle-ci ne soit pas épargnée), mais Richard Nixon qui, en 1971, s'est entendu avec John

Ehrlichman, l'un de ses conseillers politiques, pour élaborer et faire voter une loi sur la gestion des unités de soins. « Soyez rassuré, dit Ehrlichman, toutes les incitations sont tournées vers une diminution des dépenses de soins ».

Depuis, dit Moore, la santé des Américains est aux mains d'entreprises privées qui ont compris que, pour gagner beaucoup d'argent, il fallait extorquer à la population des sommes exorbitantes tout en trouvant les moyens de les soigner de moins en moins. Et, poursuit Moore, on extorque. On donne des primes et des récompenses à celui qui aura réussi à trouver, dans un contrat d'assurances, la clause qui permettra de ne pas débourser un dollar, quitte à laisser mourir « l'assuré ».

La façon d'en finir avec ce scandale absolu ? Moore est explicite : « Les entreprises privées doivent être exclues du système de santé, et laisser place à un grand service public géré intégralement par le gouvernement, et d'où toute idée de profit se trouverait exclue à jamais. »

Il y aura des obstacles et des embûches pour y parvenir, bien sûr. Les hommes politiques sont « achetés », dit Moore, par les entreprises travaillant dans le domaine de la santé. Les démocrates autant que les républicains. Des milliards de dollars sont en jeu.

Ce qui pourrait débloquer la situation serait qu'un candidat ait le courage de s'affranchir des puissances d'argent et puisse s'adresser à des électeurs qui auraient perdu toutes leurs illusions.

Sicko est fait pour « interpeller » quiconque voudrait se porter candidat et aurait ce courage, et, aussi, pour faire « réfléchir » les électeurs éventuels.

Celui qui doit choisir le doigt à 12 000 dollars, dit Moore aux Américains, ce pourrait être vous, demain. Même celui qui se croyait assuré et qui finit misérable à la charge de ses enfants, ce pourrait être vous encore. Pensez-y...

Aux fins de nourrir la réflexion, Moore emmène le spectateur vers des pays paradisiaques où tout va bien, et où il en est ainsi parce que le système de santé est (l'auriez-vous imaginé ?) un système public.

Au Canada, montre Moore une fois de plus, c'est tellement mieux. Non seulement on ne ferme pas les portes à clé, on n'est pas raciste et on ne fait pas la guerre, mais on est merveilleusement soigné ! Rien à débourser. Des médecins efficaces, dévoués, attentionnés et, surtout, désintéressés. Pas même de files d'attente !

Au Royaume-Uni, c'est la même chose. Avec une fausse naïveté, Moore demande à un couple qui sort d'un hôpital londonien avec un nouveau-né combien ils ont dû payer pour le bébé. « Rien, répond l'homme, nous ne sommes pas en Amérique, ici. »

Moore parcourt les couloirs de l'hôpital en quête d'un endroit où il serait possible de payer quelque chose, et il n'en trouve pas. Il finit, au contraire, par tomber sur un guichet où un homme doux, souriant et serein donne de l'argent aux gens de façon à leur rembourser le trajet qu'ils ont dû effectuer depuis leur domicile.

En France, c'est quasiment parfait, voire davantage que parfait. Et Moore montre des Américains installés à Paris, qui sont parfaitement à même de faire la comparaison entre ce qu'ils ont laissé dans leur effroyable pays d'origine, et ce qu'ils ont trouvé au pays de la Sécurité sociale et de la Couverture maladie universelle. On évoque un homme à qui trois semaines d'assurance maladie n'ont pas suffi pour se remettre d'un incident de santé, et à qui un médecin, très gentil comme le sont tous les médecins français, accorde trois semaines d'arrêt supplémentaire, qu'il s'en va passer à la plage, au bord de la Méditerranée. Pour remercier le médecin, il lui envoie la vidéo de ses leçons de ski nautique. Rien, décidément, qui ressemble à cette absurde et ignoble obsession du travail qui ronge l'Amérique. On voit une femme qui bénéficie d'une assistante maternelle fournie gratuitement par le gouvernement, et cette assistante lui fait aussi la lessive, le repassage, la cuisine et, sans doute, au point où l'on en est, lui amène-t-elle le petit déjeuner et des croissants au beurre à son réveil. Que demander de plus ?

Dans les classements de la qualité et de l'efficacité des systèmes de soins établis par l'Organisation mondiale de la santé, cités par Moore, la France occupe d'ailleurs la première place, les États-Unis sont placés, eux, au trente-septième rang, dans les profondeurs du classement.

Parmi les oubliés par l'Amérique égoïste, obsédée par le profit, Moore trouve des victimes d'une injustice particulièrement grave. Des gens qui ont déblayé les gravats à New York après le 11 septembre, qui ont contracté des maladies pulmonaires graves en raison des émanations nocives venues des gravats et qui ne sont même pas pris en charge. Des héros, s'étrangle-t-il ! Comment peut-on traiter des héros de cette façon !

N'écoutant que son indignation, Moore emmène quelques-uns de ces héros vers Guantánamo. Son objectif, dit-il, est que ces gens reçoivent des « soins de même qualité que ceux dont bénéficient les individus emprisonnés pour appartenance à al-Qaida ». Des héros devraient, au moins, pouvoir recevoir le traitement qu'on accorde aux terroristes, non ?...

Faute d'être reçu à Guantánamo, Moore conduit alors ceux qui l'accompagnent à Cuba, et là, c'est très différent. Ce n'est pas du tout l'Amérique. Le pays est pauvre, mais les unités de soins sont exemplaires, impeccables, et disposent de technologies innovantes inimaginables aux États-Unis. La fraternité règne. Les sourires sont sur toutes les lèvres. Les soins sont gratuits, efficaces et fraternellement dispensés. Guantánamo est à quelques encablures, mais on est loin, très loin de la froide oppression de Guantánamo, de l'indifférence de Guantánamo, de l'inhumanité de Guantánamo.

On est à cent cinquante kilomètres de la Floride, mais on est tellement loin de la Floride, américaine, capitaliste, si horriblement capitaliste !

Un seul homme politique est interviewé dans le film. Un ancien député travailliste anglais appelé Tony Benn, et celui-ci explique : « Les assurances privées telles que celles qui existent aux États-Unis, tout comme les prêts étudiants ou les cartes de crédit, jouent un rôle crucial pour le gouvernement qui les utilise. Elles sont là pour saper la démocratie en créant une population docile et travailleuse, précarisée, droguée à l'endettement et à un style de vie intenable. »

Il s'agit donc de cela ! Abrutir, soumettre les Américains... Détruire la démocratie...

Comme l'a écrit un journaliste de *Télérama* : « Moore [...] prend le parti de l'étranger, tourne le dos à son pays. La séquence [sur Cuba] est efficace, et elle est même, par ces temps de nationalisme, extrêmement courageuse. »

À Cannes, où le film était présenté hors compétition, l'auditoire a applaudi à tout rompre. Et, à la sortie du film en France, il en resta des échos.

Une certaine intelligentsia française et planétaire aime tant trouver des raisons supplémentaires de détester les États-Unis ! Et puis Moore renforce tellement les stéréotypes existants ! « Le capitalisme tue les pauvres », comme disait l'autre. En Amérique, mon bon monsieur, avant de vous soigner, on vous demande votre carte de crédit et si ce n'est pas une gold ou une platinum, on vous jette dehors. Et puis, vous savez, ils n'ont pas la Sécurité sociale. Vous imaginez : ils n'ont pas la Sécurité sociale ! Et ils ne demandent même pas à l'avoir : ils sont tellement manipulés, conditionnés, « drogués », comme dit Tony Benn.

À Cannes, quelques Canadiens ont dit à Moore qu'il enjolivait une situation qui présentait aussi beaucoup de travers : Moore a semblé surpris. Des Canadiens aimeraient donc moins que lui le système canadien ? Seraient-ce des Canadiens vendus au gouvernement américain ? Étaient-ils vraiment canadiens d'ailleurs, ou étaient-ils des agents de la CIA déguisés en Canadiens ?

Quelques journalistes français ont même osé dire que le système français n'était pas aussi merveilleux que Moore semble le penser et que ce que lui en disent ceux qu'il interviewe dans le film. Ces Français-là sont sans doute eux aussi de mauvais Français.

Si des citoyens britanniques devaient dire que le National Health Service d'outre-Manche ne ressemble pas beaucoup à ce que Moore en dit, ce serait, à coup sûr, de mauvais Britanniques.

Les Cubains en exil qui oseraient affirmer que Moore s'est fait le complice d'une opération de propagande du gouvernement castriste, eux, n'auront pas voix au chapitre. Il y a déjà plusieurs années, je l'ai dit, que Moore les a renvoyés à ce qu'il considère être leur ignominie.

Les Américains ? Ils se sont divisés, comme pour chaque film de Moore. Ils sont allés voir le film, même si, en leur immense majorité, leur estime envers Moore est restée à un niveau très inférieur au zéro absolu. Moore a une fois de plus réussi à faire scandale.

« Je pensais que ce serait plus calme et consensuel cette fois », a-t-il dit à Cannes. Il n'imaginait pas (qui peut en douter ?) que se rendre à Cuba, filmer à Cuba, emmener des malades à Cuba alors que les relations diplomatiques entre les États-Unis et Cuba sont rompues depuis bientôt cinq décennies, serait susceptible d'entraîner les autorités américaines à lui poser au moins quelques questions. Il n'imaginait pas qu'en violant la loi, il risquait de se trouver soumis au sort de ceux qui violent la loi.

Les autorités américaines ayant réagi, Moore s'est présenté comme un persécuté, un « dissident », comme il en existait en Union soviétique. Il a fait placer quelques jours son film en « lieu sûr », à l'extérieur des États-Unis. Peut-être que toutes les polices des États-Unis allaient se mettre à ses trousses, prendre le film, brûler toutes les copies en place publique, jeter Moore vivant au milieu du feu...

Moore savait en fait que le film sortirait aux États-Unis dans des centaines de salles à la date prévue par les distributeurs, le 29 juin 2007. Il savait que les affiches du film étaient prêtes et imprimées. (On voit, sur l'une, Moore dans une salle d'attente où il est le seul être vivant et où tous ceux qui sont assis autour de lui sont des squelettes ; sur l'autre, Moore grimé en médecin, enfilant un gant de latex et préparant son doigt, comme pour un toucher rectal, avec la légende : « Cela peut provoquer une légère douleur. ») Mais il savait aussi qu'en prenant la pose de la victime, il allait attirer les commentaires. Et c'est ce qui s'est passé.

Moore entend, dit-il, inciter les Américains à se « demander ce qu'ils sont ». Je le dis d'avance : malgré de bonnes critiques dans les grands médias « politiquement corrects », personne aux États-Unis, sauf quelques gauchistes et quelques bourgeois bohèmes, ne s'est vraiment reconnu dans ce portrait de gens dociles, drogués au travail et à l'argent, soumis à la précarité.

Ceux qui ont dit « tous des crapules » en pensant au personnel politique américain ont été ceux qui disaient déjà « tous des crapules » avant d'avoir vu le film. Et ces gens-là rejetaient déjà, avant le film, tous les partis politiques.

Ceux qui ont eu des paroles d'autoflagellation en songeant au malheur d'être Américains l'ont fait au bord de leur piscine à Bel Air ou dans leur loft à Manhattan, loin de tous ces gens vulgaires qui ont l'indélicatesse de travailler huit heures par jour.

Les spectateurs qui ont vu le film en même temps que moi dans une salle de Santa Monica ne cachaient pas leur scepticisme à la fin de la séance. Ils étaient venus par « curiosité », m'ont dit quelques-uns d'entre eux. « De toute façon, Moore est un idiot », m'a glissé un vieil homme d'un air désabusé.

Les débats en cours aux États-Unis sur les réformes à apporter au système de santé seront pour quelques mois pollués, parasités, obscurcis par Moore. On reparlera du système de santé au sein du parti démocrate et chez les républicains, le temps de quelques débats télévisés.

Moore n'aura servi personne, une fois de plus, sinon lui-même.

Il sera, tout au plus, devenu un peu moins dangereux. Et c'est le seul point positif...

Par ses outrances, ses approximations, ses petites, moyennes ou grandes faussetés, ses manipulations qui ne dupent plus, Moore dessert surtout son propre camp : la gauche américaine. Les membres les plus lucides de celles-ci discernent désormais clairement qu'il est pour eux une source de gêne et d'embarras, l'éléphant obèse qui casse tout le service en cristal et qui gâche une soirée qui s'annonçait prometteuse.

Moore, à bien y regarder, n'aide désormais guère la gauche du reste du monde, pour laquelle il pourrait bien devenir *aussi* une source de gêne et d'embarras. Aucun membre d'une gauche démocratique dans le monde développé ne porte en lui la détestation anti-américaine qui imprègne Moore. Les gens de la gauche démocratique disent bien aimer Moore et le traitent comme une icône, mais ils s'en méfient.

Aucun membre du Parti socialiste français, par exemple, ne pourrait s'identifier à Moore lorsqu'il déclare qu'un couple disposant de huit mille euros par mois appartient, simplement, à la « classe moyenne », presque au petit peuple. Ceux qui entendraient Moore dire cela passeraient vite à autre chose, avec l'air de ceux qui murmurent : « N'y prêtez pas attention. C'est juste un Américain qui parle de la

France sans y vivre. Ne lui en veuillez pas s'il dit des bêtises. »

Les gauchistes eux-mêmes feraient comme s'ils ne l'avaient pas entendu. Classe moyenne ? Huit mille euros ? Ils feraient un tri sélectif, insisteraient sur Cuba la glorieuse, sur les méfaits du capitalisme. Ils aimeraient Moore pour son passé. « Merci de nous avoir aidés à attiser les feux de la haine », pourraient-ils lui dire. Cela a fait de belles émeutes et de beaux défoulements. Ils regarderont encore *Fahrenheit 9/11* en se disant que c'était le bon temps, et qu'on pouvait croire à la révolution, à cette époque.

La vieille taupe est fatiguée, repue, peut-être. L'hégémonie se fane. Et c'est, entre les lignes, ce que dit et ce que montre *Sicko*...

Moore reste dangereux pour ce qu'il a fait, mais un peu moins pour ce qu'il peut encore faire.

Peut-il encore jouer le vieux gauchiste sale et malpoli ? L'effet de surprise n'est plus là. Plus un seul entrepreneur ne se laissera prendre. Plus un seul homme politique. Les employés qui travaillent dans le hall d'accueil des sièges sociaux savent désormais comment recevoir le personnage. Ils s'y sont préparés. Ils savent ce que le personnage pense d'eux. Ils savent que, sous ses allures débonnaires, il est venimeux, perfide. Ils n'ont pas d'illusions. Ils savent que *c'est un personnage.*

Et le reste du public sait aussi que c'est un personnage et que c'est un rôle de composition.

Dans *Sicko*, Moore apparaît moins que dans ses

films précédents, et ce n'est pas vraiment parce qu'il ne veut plus être au centre du propos ; *c'est, il faut le dire, parce que les trucs d'acteur du personnage de Moore sont désormais trop éventés pour faire leur effet avec autant d'intensité qu'autrefois.*

Harvey Weinstein, le producteur de Moore depuis *Fahrenheit 9/11*, a annoncé la sortie en DVD de vidéos montrant Moore dans un « spectacle » qu'il a donné à Londres en 2002 pendant cinq semaines (« The Average Everyday Evildoer »), Moore pendant le « Slackers Tour » d'avant l'élection présidentielle de 2004 (« Live Across America »). Cela s'appellera *Michael Moore's Uprising*. Autrement dit : « Michael Moore l'insurgé. » On procède ainsi avec les stars vieillissantes dont le répertoire peine à se renouveler. On fait du commerce avec le passé. On écrit : *The best of*, le meilleur de. On va en être bientôt au « meilleur de Michael Moore », « ses plus grands succès ». Un jour, j'en suis sûr, on verra « ses plus grands mensonges », qu'il commentera lui-même.

En attendant, faut-il faire comme si l'on prenait *Sicko* au sérieux ? Sans doute, pour quelques instants.

Le temps de dire, désolé de briser le stéréotype, qu'il n'y a pas « quarante-sept millions de personnes sans assurance maladie aux États-Unis ». La réalité est bien plus complexe. Il y a ceux qui sont censés être couverts par le système public Medicare-Medicaid parce qu'ils sont au seuil de pauvreté, ou parce qu'ils sont âgés :

certains d'entre eux font valoir leur droit de bénéficier de Medicare et Medicaid, d'autres non. Medicare et Medicaid ont été conçus, en tout cas, pour ne laisser personne « au bord de la route ». Certaines personnes ne prennent pas d'assurance volontaire entre deux emplois et sont comptées, dès lors, comme « non assurées », quand bien même elles n'ont connu ce statut, au cours d'une année, que quelques semaines ou quelques jours. Les États-Unis comptent, en supplément, douze millions d'immigrants illégaux qui, souvent, ne s'assurent pas. Moore sait pourquoi il ne parle pas de façon précise des « quarante-sept millions » qu'il cite. Il sait qu'en parler de façon précise impliquerait de prendre le risque d'affaiblir considérablement sa thèse.

Moore pourrait dire aussi que tout service d'urgence d'un hôpital américain qui ne soignerait pas un malade ou un accidenté se verrait accuser immédiatement pour non-assistance à personne en danger et serait traîné devant la justice. Des avocats sont là pour ça. Certains de ces avocats vont au-devant de clients éventuels et ne demandent pas à être payés d'avance. Ils se rémunèrent sur les dommages-intérêts qu'ils espèrent obtenir. Et au service d'urgence, on ne demande pas la carte de crédit avant de soigner le malade ou l'accidenté. On soigne d'abord. Et je parle d'expérience : j'ai été victime d'un accident de la route à l'ouest de Los Angeles, à Inglewood, voici quelques années. Je suis passé par un service d'urgence américain. C'est une expérience dont j'aurais pu me dispenser, mais c'est une expérience que j'ai connue. Les services d'urgence américains soignent, et souvent vite et efficacement. Les soins dispensés à des personnes sans assurance par les services d'urgence américains ont coûté 34,5 milliards de dollars en 2005, et probablement autant au cours des années qui ont précédé et succédé.

Moore pourrait dire que les Américains qu'il montre dans *Sicko* sont *des gens qui, pour la plupart, avaient des revenus suffisants pour s'assurer et payer une assurance, mais qui ont pris la décision de ne pas s'assurer, ou qui ont payé une assurance qui ne couvrait pas l'intégralité des problèmes de santé auxquels ils pouvaient se trouver confrontés*. Il montre aussi des gens qui ne sont pas restés assurés de manière constante au cours de leur vie.

Il est exact qu'être assuré n'est pas obligatoire aux États-Unis. Il est exact que quiconque décide de s'assurer peut opter pour une couverture des risques plus ou moins étendue et ne pas choisir une « assurance tous risques ». Il est exact qu'en changeant d'employeur, on peut changer d'assureur et se trouver sans assurance entre deux emplois *si on ne décide pas volontairement de souscrire une police d'assurance*. Il est exact que certaines personnes restent sans assurance pendant une période de leur vie parce qu'*elles n'ont pas pris la décision de s'assurer*.

Il est exact aussi que les compagnies d'assurances cherchent la faille qui leur permettra de ne pas rembourser ou de ne pas prendre en charge.

Le principe qui prévaut est celui de la liberté de choix et de la responsabilité personnelle. On peut choisir de ne pas s'assurer ou de moins bien s'assurer. On peut se retrouver face aux conséquences de son imprévoyance, et ces conséquences peuvent être lourdes. On peut tout perdre, ses biens, son domicile. On peut se retrouver dans la pauvreté et en situation de bénéficier d'un programme d'assistance gouvernementale. On ne peut s'exonérer des choix qu'on a faits, des responsabilités qu'on a prises.

Celui qui a dû choisir entre un doigt à 60 000 dollars et un doigt à 12 000 dollars n'était *pas assuré*, et Moore le dit, d'ailleurs. Il se retrouve face aux conséquences de ses choix. Il aurait pu faire d'autres choix, mais cela, Moore ne le dit pas.

Moore part du postulat que les soins devraient être gratuits et universels pour tout le monde, indépendamment des choix, des responsabilités, des risques, des revenus, du financement.

S'il avait fréquenté l'université un peu plus longtemps, s'il avait essayé d'y suivre des cours d'économie, même très élémentaires, plutôt que de prendre immédiatement la posture de l'excité qui hurle d'abord et réfléchit après (si tant est qu'il réfléchisse), il aurait appris *qu'un bien mis « gratuitement » à la disposition de tout le monde est un bien que personne n'économise, dont personne ne prend soin, et dont une proportion croissante de la population use sans mesure.* Ce genre de bien fait l'objet d'une demande qui tend vers l'infini et qui finit par épuiser toute l'offre et par tarir toutes les ressources, ou, si l'on veut éviter cette tendance vers l'infini, fait l'objet de restrictions et de contingentements.

Aux États-Unis, la gestion de ce bien que sont les soins se fait par l'assistance pour les plus pauvres et les plus vieux, et par la responsabilité ou le paiement pour ceux qui ne sont ni les plus pauvres ni les plus vieux.

Ailleurs, au Canada, la gestion de ce bien se fait par des prélèvements généralisés et par une gestion de la pénurie. Moore aurait pu évoquer les contingentements, les listes d'attente, qu'implique le système canadien. Il aurait pu dire que ces listes d'attente font que les Canadiens qui en ont les moyens vont se faire soigner aux États-Unis en en payant le prix, tandis que les Canadiens moins fortunés attendent, avec, lorsqu'il s'agit de tumeurs ou de maladies à évolution rapide, des conséquences graves. Devoir « patienter » une moyenne de neuf mois lorsqu'on est atteint d'un cancer peut impliquer de devoir « patienter » jusqu'à ce qu'il soit trop tard. Il aurait pu dire que l'existence d'une médecine privée exerçant à côté du système public est *interdite* au Canada, ce qui accentue le clivage entre ceux qui peuvent aller aux États-Unis et ceux qui ne le peuvent pas.

Au Royaume-Uni, le système ressemble fort à celui qui existe au Canada et implique, lui aussi, une gestion de la pénurie. Huit cent cinquante mille personnes figurent en moyenne sur les listes d'attente du National Health Service. Chaque année, cinquante mille interventions chirurgicales doivent être annulées faute de place : les malades attendent une année de plus, ils vont se faire soigner à l'étranger, ils trouvent une solution onéreuse dans le secteur privé, ou ils meurent. Des chercheurs estiment qu'un malade sur cinq chez qui un cancer du côlon a été diagnostiqué suffisamment à temps pour qu'il soit curable n'est pas soigné en temps voulu et évolue vers la phase terminale.

En France, Moore parle de « système gratuit ». *Il ne dit pas un mot des prélèvements croissants pour financer ce « système gratuit ». Il ne dit pas que ce « système gratuit » connaît un déficit financier abyssal, et suppose qu'une part toujours plus importante des dépenses de santé soit prise en charge par les malades indépendamment du « système gratuit » que financent les prélèvements.* Il ne dit pas non plus que 92 % de la population ont recours à des assurances complémentaires mutualistes ou privées auxquelles ils souscrivent volontairement. Il se garde de signaler que le « système gratuit » français va de pair lui aussi avec des pénuries (moins graves, certes, que celles qu'on rencontre au Royaume-Uni), et avec des retards plus ou moins importants d'équipements en technologies de pointe.

Nul système de santé n'est parfait. La fiction de la « gratuité » finit par se révéler très onéreuse, et elle implique en général des coûts croissants, des rationnements qui ne disent pas toujours leur nom. Un système administratif public ne crée aucune incitation à une gestion plus efficace et à un comportement plus responsable de ses usagers. Une entreprise en concurrence avec d'autres entreprises cherche à faire des profits tout en faisant son possible pour offrir le meilleur rapport qualité-prix à ses clients.

Le système américain est loin d'être parfait. Il comporte une partie administrative publique (Medicare-Medicaid) et une partie gérée par des entreprises privées en situation de concurrence. Il implique des surcoûts que sont les soins d'urgence aux personnes sans assurance, des procédures bureaucratiques trop complexes, les risques de procédure judiciaire abusive qui poussent médecins et unités de soins à souscrire des assurances professionnelles parfois très onéreuses.

Le système américain suscite des mécontentements qui, si on les mesure, peuvent être qualifiés de faibles, voire d'infimes. Neuf Américains sur dix (non-assurés compris) se déclarent satisfaits ou très satisfaits des soins dont ils peuvent bénéficier ou dont ils bénéficient effectivement. Moins de 20 % de *ceux qui ne sont pas assurés* se déclarent insatisfaits quant à leur possibilité d'avoir « un rendez-vous rapidement avec le médecin de leur choix ». Que diraient-ils dans un pays où ils seraient obligés d'attendre plusieurs semaines pour un rendez-vous, ou dans un pays où l'idée de choisir son médecin est impensable ? Quant aux coûts de la médecine aux États-Unis, comme le disait l'humoriste P. J. O'Rourke : « Vous trouvez que la médecine est chère ? Attendez de voir ce que cela coûtera avec un système gratuit. »

Le système américain mérite mieux que la caricature bâclée que Moore en présente.

Moore s'appuie sur des dysfonctionnements qu'il met en avant comme s'ils représentaient la généralité, ou présente les faits en les maquillant jusqu'à ce que le spectateur ne voie plus que le maquillage. Il conduit, parfois, le spectateur non averti au bord des larmes, mais les larmes ne peuvent se substituer à l'analyse. Elles peuvent au contraire troubler le regard. Et c'est ce que fait Moore.

Il fait plus grave encore, bien plus grave. Et ce qui est plus grave n'est pas qu'il donne la parole au seul Tony Benn, qui est, il faut le dire, le politicien le plus à gauche du Royaume-Uni avec George Galloway, compagnon de route de l'islamo-terrorisme. Ce qui est le plus grave n'est même pas qu'il ne dise pas que sa proximité avec Tony Benn vient d'une sympathie commune pour le défunt régime de feu Saddam Hussein (que Benn est allé rencontrer et interviewer avec déférence en février 2003). Non, le plus grave est qu'il ait utilisé des sauveteurs de l'après-11 septembre, qu'il ait profité de leur maladie pour leur donner de faux espoirs, pour les manipuler, pour les entraîner dans une équipée lamentable. Le plus grave est que Moore a sélectionné ces gens, a proposé de leur financer un voyage à Cuba en échange de mots et d'images choisis. Le plus grave est qu'après avoir, *de facto*, dans son film précédent, déconsidéré des soldats morts ou mutilés, il se conduit maintenant de manière méprisable vis-à-vis de gens courageux et rendus vulnérables par la maladie.

Comment Moore a-t-il pu faire croire à ces pauvres gens qu'ils seraient mieux soignés à Cuba qu'aux États-Unis ? Comment a-t-il pu obtenir qu'ils se fassent les pitoyables acteurs d'une séquence de propagande grossière ? Comment peut-il laisser le spectateur dans l'ignorance du fait que *tous les sauveteurs du 11 septembre tombés malade sont totalement pris en charge aux États-Unis ?*

Moore savait qu'en arrivant avec un bateau affrété pour l'occasion au large d'une base militaire et en criant dans un porte-voix, il n'obtiendrait aucun résultat. Il voulait simplement *montrer* qu'il n'obtenait aucun résultat. Et il a fait de pauvres gens ses complices, sans que cela leur permette d'être mieux soignés ou, *a fortiori*, à retrouver la santé. Moore voulait dire que des « héros » ne recevaient même pas les soins administrés à des terroristes, mais que sait-il des soins administrés à des terroristes ? Il dit que les terroristes bénéficient de soins publics et gratuits ? Moore ne sait donc pas que *tous les militaires des États-Unis reçoivent des soins publics et gratuits*, et que c'est le cas aussi pour les gens emprisonnés pour des crimes et délits, et aussi pour les gens qui se rendent dans les service d'urgence des hôpitaux américains ? Bien sûr que Moore sait.

Moore se fait filmer en compagnie des malades qu'il a emmenés en voyage en train de quitter la Floride en bateau pour Cuba. Il semble avéré qu'il s'est rendu, avec les malades à Cuba par d'autres moyens que le bateau. Moore n'en dira rien.

Il ne dira pas non plus qu'il n'a pas pu entrer à Cuba comme si c'était un pays ouvert et libre. Il ne dira pas quels petits ou moyens arrangements il a passés avec le régime. Il ne dira pas que les examens et les soins administrés « gratuitement » aux malades qu'il a conduit à Cuba ne sont pas gratuits du tout, ne sont pas les examens et soins dont peut disposer la population cubaine, et ne sont pas administrés dans les unités de soins auxquelles la population cubaine a accès.

Moore a trompé les malades qu'il a emmenés à Cuba en leur donnant de faux espoirs. Il trompe les spectateurs en faisant croire qu'à Cuba, les habitants bénéficient de soins gratuits et de qualité. Il se fait voyageur de commerce pour le régime castriste, qui a besoin du « tourisme médical » pour remplir ses caisses. Car c'est là ce qui est, finalement, répugnant dans ce film.

Moore non seulement donne de faux espoirs à des malades, mais il présente la médecine à Cuba sous un jour favorable. Il passe sous silence que Castro et sa clique, après avoir ruiné Cuba, survivent grâce aux clubs de vacances et, aussi, en offrant, par le biais d'un personnel asservi, des « soins meilleur marché » dans des unités conçues pour les touristes étrangers. Il passe sous silence que, pendant ce temps, la population cubaine vit soumise à la misère, à la pénurie et à l'oppression.

Pendant que Moore tournait sa séquence, des hommes et des femmes croupissaient, abandonnés dans des geôles insalubres à quelques pas seulement, et nombre de ces gens avaient commis un seul crime : avoir voulu parler, écrire, vivre librement. Parmi ces gens, il y avait des cinéastes emprisonnés pour avoir filmé la vraie réalité de la vie des Cubains et pour avoir capté de vraies images des hôpitaux où les Cubains doivent se faire soigner. Un cinéaste nommé Luis Moro a placé certaines de ces vraies images sur Internet, *via* youtube. Une simple boîte d'aspirine coûte l'équivalent de un mois de salaire à un Cubain : en dollars américains, le salaire moyen à Cuba est aujourd'hui d'environ 12 dollars par mois. Si Moore avait le plus minime, le plus infime sens de la compassion, il n'aurait pas abusé de sauveteurs tombés malades ; il n'aurait pas réalisé un clip de propagande au service du régime castriste ; il se serait préoccupé de la condition de millions de Cubains. Mais Michael Moore n'a pas le plus infime sens de la compassion. Il est prêt à fouler aux pieds le sort des Cubains. Il a déjà foulé aux pieds le sort de tant de millions de gens...

S'est-il même demandé ce que pensaient les Cubains souriants qui s'affairaient autour de lui ? S'est-il demandé ce qu'ils risquaient s'ils ne souriaient pas ? S'est-il demandé si les pompiers cubains qu'il a filmés en train de rendre un hommage « émouvant » à leurs collègues new-yorkais agissaient spontanément ?

Moore est un peu moins dangereux, oui. Juste un peu moins, à bien y regarder.

Mais *il reste dangereux*. Il reste nuisible.

10. Pour finir...

Il est temps de conclure. *Sicko* est un succès. Peut-être pas au degré de *Fahrenheit 9/11*, voire pas du tout, mais qu'importe...

On peut, de toute façon, compter sur Moore pour tout faire afin que le « succès » apparaisse bien plus grand qu'il n'est en réalité. On peut compter aussi, pour cela, sur les laudateurs de Moore.

Moore fera d'autres films. Harvey Weinstein mettra en circulation d'autres DVD sur la vie, l'œuvre et la gloire de Michael Moore. On reverra Moore à Cannes ou à Paris. On l'applaudira.

Ses « trucs » sont éventés, disais-je, mais ce n'est pas grave. On dira, ici ou là, en France ou ailleurs, qu'on l'aime bien quand même.

On glissera avec un sourire qu'« il ne s'embarrasse pas toujours avec les faits », mais on ajoutera que « cela est sans importance ».

On passera par pertes et profits ses nuisances passées. On minimisera ses nuisances présentes.

On fera comme si les vociférations antiaméricaines, les mensonges, les falsifications, les délires paranoïdes, les éléments de propagande semés ces dernières années par Moore, et par ceux qui se sont placés dans son sillage, n'avaient pas prêté à conséquence.

On dira, comme Moore le suggère, qu'il faut laisser le passé au passé. La présidence Bush s'achève, après tout...

Je dirai moi, ici, qu'après la présidence Bush, l'histoire du monde va continuer, que, quoi qu'on pense de George Bush, sa présidence fait partie de l'histoire du monde, et qu'on ne peut accepter que des faussaires et des propagandistes puissent entacher ou pervertir en quoi que ce soit l'histoire du monde.

Je dirai qu'après la présidence Bush, il restera un monde où il y a du terrorisme, des dictatures, des régimes ignoble tel le régime castriste et il faudra regarder ce monde en face.

Je dirai qu'avec ou sans Bush, on ne peut laisser subsister des infamies qui, avec le temps, pourraient risquer d'apparaître comme respectables.

J'ai écrit ce livre pour contribuer à faire place nette, et pour ne pas laisser subsister *la moindre idée selon laquelle il y aurait une trace de vérité ou de pertinence dans les films et les autres produits signés Michael Moore.*

J'ai écrit ce livre pour ne pas laisser subsister *la moindre rumeur selon laquelle il y aurait quoi que ce soit de crédible chez Michael Moore.*

Parce que je suis un défenseur intransigeant de la liberté de parole, je suis en faveur de *la liberté de parole pour tout le monde*, même pour les plus sinistres pitres.

Mais la liberté de parole n'est pas la liberté de mentir, de falsifier, de diffamer, d'inciter à la haine, surtout si la haine a des conséquences concrètes où il va de la vie et de l'honneur de multitudes. La liberté de parole n'est pas la liberté de mentir impunément, de manipuler des malades sans se trouver confronté à l'indignation, de défendre des tortionnaires sans se voir demander des comptes.

La liberté de parole doit être la liberté, aussi, de dénoncer l'imposture, le cynisme, l'escroquerie, la duplicité et de les mettre au grand jour.

Si Moore se décidait à dire qu'il n'est qu'un clown factice, qu'il affabule pour faire rire, que strictement rien n'est sérieux, s'il venait sur un plateau de télévision pour dire : « Je vous ai bien eus » et jeter des confettis, des serpentins et quelques boules puantes autour de lui, je continuerais à le trouver impardonnable, mais je tenterais d'apaiser un peu ma colère. Malheureusement, ce n'est pas ce qu'il fait.

Au contraire : il insiste, persiste et clame à tous les vents et à tous les micros qu'on lui tend que ce qu'il dit, montre ou écrit est exact. Il affirme même s'entourer de nuées de « vérificateurs » très pointilleux.

Le temps est amplement venu de clamer que cela suffit.

Moore est moins dangereux qu'il ne l'a été, bien sûr.

Ses trucs sont, en bonne partie, éventés.

Mais il n'en continue pas moins de mentir et de laisser la pestilence de ses mensonges passés flotter dans l'atmosphère.

Il n'en reste pas moins abject et, tout bien pesé, en prenant en compte la définition qu'on trouve dans le dictionnaire, « qui inspire la répulsion et un profond mépris », le mot ne me semble pas excessif.

Je pense, en effet, que si son comportement passé vis-à-vis des pauvres gens de Flint ou vis-à-vis de ses employés a été simplement méprisable, si son comportement vis-à-vis des soldats américains dans *Fahrenheit 9/11* se rapprochait de l'abjection, son comportement vis-à-vis des malades vulnérables qu'il montre dans *Sicko* est, lui, absolument abject, au sens strict du terme.

Je pense que son attitude vis-à-vis du peuple cubain telle qu'il la montre dans *Sicko* est également abjecte, toujours au sens strict du terme.

Moore est un peu moins dangereux qu'il ne l'a été, mais après avoir joué avec le racisme, la xénophobie, le terrorisme, la paix du monde, l'honneur de soldats blessés ou morts, *il continue aujourd'hui à jouer cyniquement*, et *peu lui importe si son jeu laisse des cadavres, du désespoir et des cécités derrière lui.*

Moore est moins dangereux, mais il reste répugnant.

Et c'est en soulignant ce point que j'entends terminer ces pages.

Moore, n'en déplaise à ceux qui ont utilisé ce mot, n'est pas « courageux », non...

Salir ceux qui sont tombés au combat, comme il l'a fait au temps de *Fahrenheit 9/11*, n'était pas courageux. Cela relevait, au contraire, d'une absolue lâcheté.

Abuser de la faiblesse des malades, comme il le fait aujourd'hui, ce n'est pas courageux, et c'est tout aussi lâche.

Se faire l'allié d'une dictature criminelle qui a détruit un peuple et un pays n'est pas non plus une preuve de courage. Cela se situe bien au-delà de la lâcheté.

Moore, comme le disent ceux qui ont utilisé ces mots, prend le « parti de l'étranger », mais il ne prend pas le parti de n'importe quel étranger. *Il prend le parti d'un étranger qui a transformé son pays en un grand camp de concentration. Et il vient batifoler avec les gardiens du camp avant de rentrer chez lui.* En avion privé, vraisemblablement.

Il n'en est pas à cela près, bien sûr. Il a déjà servi la cause de l'islamo-terrorisme, et même s'il devait dire que c'était involontaire, ce n'en est pas moins la réalité.

Moore est moins nuisible, mais, à bien y regarder, il reste infréquentable.

Il ne mérite pas les applaudissements, les marques de sympathie, les honneurs.

Il a bâti sa vie sur le mensonge, la falsification et la désinformation, et il persiste.

Et, même s'il devait essayer de s'en tirer par une pirouette ou un pied de nez, cela n'aurait rien d'honorable.

S'il y avait en lui quelque chose d'humain, Moore ne viendrait même pas parader en clown factice, ainsi que j'en envisageais l'opportunité un peu plus haut. Il chercherait à se faire oublier, et il se retirerait du monde.

J'ai appris à le connaître et je sais qu'il ne se conduira pas ainsi, bien sûr...

Je n'ai pas d'illusions.

J'espère simplement que ceux qui auront lu ces pages seront édifiés et que, s'il leur restait quelques illusions, ils les auront perdues.

J'espère qu'ils comprendront mon dégoût.

J'achève ce livre plus indigné encore qu'au moment où je l'ai commencé. Plus je me suis plongé dans l'univers de Moore, plus c'est devenu nauséabond. Quand je pensais avoir touché le fond, je m'apercevais que le fond était encore plus bas, bien plus bas, toujours plus bas.

Un journaliste américain, voici quelques mois, se demandait comment Moore pouvait se regarder dans la glace le matin. Je ne me poserai, moi, pas la question. Je constaterai qu'il peut se regarder dans la glace. C'est tout.

Moore est Moore, et nul ne le changera.

Je veux simplement penser que, dans la cohorte innombrable de ceux que Moore a dupés, il y a quelques fanatiques, quelques esprits totalitaires, quelques humains devenus eux-mêmes inhumains et bestiaux, tant la haine, la bile et les détestations multiples les ont broyés, faisant disparaître en eux tout reste d'éthique et d'âme.

Je veux penser aussi que des centaines de milliers de ceux qui se sont trouvés à un moment donné dans la cohorte ont commencé à comprendre. Si ce n'est grâce à moi, peut-être grâce à ceux qui, avant moi, bien au-delà de moi qui ne fais que suivre leurs traces, ont dit et clamé depuis des années que montrer Moore tel qu'il est, et clamer que ses falsifications sont indignes, relevait d'une nécessaire salubrité.

Et je veux dire à ces multitudes que commencer à comprendre ne suffit pas.

Ce qui propage le mal et la malveillance doit récolter l'indignation. Ce qui est absolument méprisable doit être absolument méprisé. Et l'horizon, soudain, peut devenir plus clair.

Paris-Los Angeles,
26 avril-30 juin 2007

Références

Plutôt que d'inscrire des centaines de notes en bas de pages, j'ai choisi de placer, en fin de livre, chapitre après chapitre, toutes les références venant étayer ce que j'ai écrit. Ces références sont disponibles et consultables. Ceux qui voudront les lire le pourront aisément ; ceux qui ne voudront pas les lire détourneront les yeux, mais ne pourront pas dire qu'elles n'existent pas.

Chapitre 1. L'homme de Flint : maquillages, trahisons et malhonnêtetés en tout genre

Moore est originaire de Davison : http://www.faqs.org/faqs/ccelebrities/michael-moore-faq/part1/
Voir aussi : Michael Moore, « Weather Report », *Flint Voice*, 3-16 juin 1982.

Sur Davison, *cf.* www.city-data.com/city/Davison-Michigan.html ; www.cityofdavison.org

Sur Flint : *cf.* www.city-data.com/city/Flint-Michigan.html ; www.cityofflint.com

Sur le *Michigan Times :* www.themichigantimes.com/generalinfo/

Sur l'université du Michigan à Flint : www.flint.umich.edu/

Sur *The Flint Voice* et *The Michigan Voice :* www.pww.org/archives95/95-09-23-3.html

Concernant les liens entre Harry Chapin et Moore : www.rememberingharrychapin.com/circle/summer06/ripple.htm

Voir aussi : « The Truth about Michael Moore », www.usatoday.com/life/ movies/news/2004-06-20-moore_x.htm

Concernant Ben Hamper : www.weeklystandard.com/Content/ Public/Articles/000/000/004/285kyutr.asp?pg=2
Voir aussi le livre de Ben Hamper, *Rivethead*, www.amazon.com/Rivethead-Tales-Assembly-Ben-Hamper/dp/0446394009

Dans *Harpers :* www.harpers.org/archive/1985/12/0015982

Sam Riddle : moorelies.com/topics/rants-and-public-appearances/

Concernant Doug Cunningham et ses rapports avec Moore : http ://www.cdharris.net/archives/2004_09.html#004016

Sur le magazine *Mother Jones :* www.motherjones.com/about_us/

Sur David Talbot et *Mother Jones*, et sur les rapports de Moore à *Mother Jones* : www.salon.com/july97/moore970703.html

Sur le conflit entre Paul Berman et Michael Moore : www.pressaction.com/news/weblog/fullārticle/cummings09242004/

L'article « A stupid white man and a smart one » de Paul

Mulshine pour le *Newark Star Ledger:* http://www.freerepublic.com/focus/f-news/880242/posts

2. *Roger, le capitalisme et moi*, ou comment faire fortune avec le malheur des autres

Sur les liens entre Nader et Moore, *cf.* « Will the Real Michael Moore Ever Re-Emerge? »,
www.counterpunch.org/nader12082004.html-63
Cf. aussi : www.politicalfriendster.com/showConnection.php?id1 = 137&id2 = 31-18

Sur Moore et le directeur du lycée de Davison : news.independent.co.uk/ people/profiles/article2562675.ece

Voir aussi « High school declines to honor Michael Moore », www.cbc.ca/arts/story/2005/01/14/moore050114.html

Mike Westfall relate la façon dont Moore s'est comporté avec lui dans « Michael Moore's Big Secret », michaelwestfall.tripod.com/id17.html
Voir aussi www.chronwatch-america.com/articles/485/1/Michael-Moore-VersusAmerica/Page1.html

Entretiens personnels avec David Horowitz : Malibu, septembre 2004 ; Calabasas, février 2006.

Pauline Kael, « Roger and Me », *New Yorker*, 8 janvier 1990.

Réponse de Moore : www.michaelmoore.com/words/message/index.php?messageDate = 2000-01-12

Harlan Jacobson, entretien avec Moore : « Michael and Me, *Film Comment*, novembre-décembre 1989.

Concernant Larry Stecco, les falsifications dont il a été

victime et le procès qu'il a intenté à Moore : vernondent.blogspot.com/search/label/Michael %20Moore
Voir aussi : http://www.moorewatch.com/index.php/weblog/2004/02

Sur le passage de Ronald Reagan à Flint en 1980 : www.presidency.ucsb.edu/ws/index.php?pid=40817

Sur la visite de Robert Schuller à Flint en 1982 : www.answers.com/topic/robert-h-schuller

Sur les écarts entre *Roger and Me* et les faits : *cf.* Rick Marin, « The Truth About Michael Moore and Roger & Me », *Washington Times*, 14 février 1990.

Sur la réception du film à Flint : Chris Thompson, « Roger & Me Dwells on Sore Points While Healing Is Needed », *Saginaw News*, 3 février 1990.

Concernant le fait que Moore a rencontré Roger Smith et l'a cherché ensuite où il n'était pas : Patrick Lee, « Exasperated GM Chief Pans Satiric Film as Sick Humor », *Los Angeles Times*, 4 janvier 1990.

Concernant le fait que les délocalisations créent plus d'emplois qu'elles n'en détruisent : Matthew J. Slaughter, « Outsourcing 101 », 27-5-2004 http://www.truthabouttrade.org/article.asp?id=1905

Voir aussi : Brink Lindsey, « Job Losses and Trade A Reality Check », 17 mars 2004, *Center for Trade Policy Studies.*

3. L'horrible vérité

Sur Fred Ross : www.wave3.com/Global/story.asp?S=2928401

Sur *Pets or Meat : The Return to Flint*, voir www.imdb.com/title/tt0105134/

Le contenu des diverses émissions de *TV Nation* se trouve détaillé sur http ://www.dogeatdogfilms.com/tv/tvarchive.html

Pour *The Awful Truth :* www.theawfultruth.com

Voir aussi : http ://moorelies.com/topics/the-awful-truth/

Sur les relations de Moore avec ses salariés à l'époque de *TV Nation* et *The Awful Truth*, *cf.* Larissa MacFarquhar, « The Populist », *The New-Yorker*, février 2004. Merrill Markoe : « Il détestait partager le générique avec ses auteurs. Il détestait payer des salaires ». Eric Zicklin, qui demandait à être payé au tarif syndical, déclare s'être vu répondre par Moore : « Je n'ai pas d'argent pour cela. Mais si vous revenez à deux me faire ce genre de demande, j'en garderai un seul et l'autre devra partir. »

Sur le même sujet, *cf.* Kay S. Hymowitz, « Michael Moore, Humbug », *City Journal*, 28 juillet 2003.

Sur *Canadian Bacon :*

William F. Powers, « Canadian Bacon », *Washington Post*, 22 septembre 1995.

Scott Weinberg, Filmcritic.com

Peter Stack, « Bacon Is an Undercooked Comedy », *San Francisco Chronicle*, 11 novembre 1995.

Ryan Cracknell, « Canadian Bacon », movie-views.com

Voir aussi : Daniel Radosh, « Moore Is Less », salon.com juin 1997.

Sur *The Big One*, voir Arthur Lazere, www.culturevulture.net/Movies/BigOne.htm

Voir aussi Madeleine Williams ; http ://www.cinematter.com/movie.php3?bo2

Madeleine Williams parle de *cheap shots*, effets faciles : http ://data.detnews.com/movies/details.hbs?myrec = 551

Même les critiques qui ont une vue favorable du film se

posent des questions sur la sincérité de Moore : voir par exemple Janet Maslin, « A Sly Lens on Corporate America », *New York Times*, 10 avril 1998.

4. Le second massacre de Columbine

Sur les faits : voir « Doom, Quake and Mass murder », salon.com, 23 avril 1999 ; « Deadly Lessons : School Shooters Tell Why », *Chicago Sun Times*, 15 octobre 2000 ; « The Depressive and the Psychopath », *Slate*, 20-04-2004.
Voir aussi www.acolumbinesite.com/

Critiques du film citées :

Andrew Sarris, *The New York Observer,* 12 janvier 2003.

Kenneth Turan, *Los Angeles Time,* 11 octobre 2002.

Desson Howe, *Washington Post*, 18 octobre 2002.

Sur l'acquisition d'un fusil à la North County Bank, *cf.* Andrew Christie, « Get Him ! », 14 juin 2004, http :// www.commondreams.org/views04/0614-09.htm

Sur la situation au Kosovo en avril 1999, *cf. Ethnic Cleansing in Kosovo : An Accounting*, U.S. State Department Report, décembre 1999, http ://www.state.gov/www/ global/human_rights/kosovoii/homepage.html

Sur les activités de Lockeed Martin à Littleton, *cf.* http ://www.ast.lmco.com/launch_titanIIfacts.shtml

Le porte-parole de Lockeed Martin a dit à Moore qu'on ne fabriquait pas d'armes à Littleton : Clive Davis, « Not So Stupid White Men Fight Back », Times.co.uk, 18 juin 2003.

Sur le montage concernant Willie Horton, *cf.* Ben Fritz, « In *Bowling for Columbine*, Michael Moore Once Again Puts Distortions and Contradictions Before the Truth », *Spinsanity*, www.spinsanity.org/columns.20021119.html

Sur le meurtrier de Kayla : *cf.* Bill Bickel, « Murder in the First Grade », www.crime.about.com/library/blfiles/blfistgrade.htm

Sur le meurtre et le meurtrier, *cf.* Sheryl Janes, « Kayla's Death : Mourners Look Back and Move Forward », *Detroit Free Press*, 28 février 2001.
Voir aussi : www.cbsnews.com/stories/2000/03/07/60II/main168970.shtml

Sur la plaque sous le bombardier B 52, *cf.* http://www.spinsanity.org/post.html?2003_08_31ārchive.html#1062477905990811

L'histoire de la National Rifle Association : voir Jefferey Rodengen, *NRA : An American Legend*, Write Stuff Enterprises, 2002. Sur la lutte du président Grant contre le Ku Klux Klan, *cf.* « The Rise and Fall of Jim Crow », www.pbs.org/wnet/jimccrow/stories_events_enforce.html

Sur les Noirs rejoignant la NRA pour lutter contre la discrimination, Michael S. Brown, « Negroes With Guns », www.keepandbeararms.com/information/XciBPrintItem.-asp?ID = 2960

Sur Charlton Heston et Martin Luther King, *cf.* Henry Levy, « CORE's Martin Luther King Jr. Annual Awards Dinner, www.jewishpost.com/jp0703/jpbr0703a.htm

Sur la réduction au minimum de la convention de la NRA à Denver, « NRA Curtails Convention », *Rocky Mountain News*, 22 avril 1999.

Sur la présence de Charlton Heston et Jesse Jackson à Flint pour la campagne présidentielle en octobre 2000, voir Patricia Montemurri, « State is Ground Zero, and Candidates Know It », *Detroit Free Press*, 18 octobre 2000.

La déclaration de Heston où figure « de mes mains froides et mortes » : *cf.* Associated Press, 21 mai 2000, www.sipl.addr.com/nraheston.html

Sur la vie de Charlton Heston, voir Michael Munn, *Charlton Heston, A Biography*, St Martins Press, 1986 ; Charlton Heston, *In the Arena, An Autobiography*, Berkeley Trade, 1997.

Sur les erreurs et faussetés incluses dans le film en général, *cf.* Dave Kopel, « Getting Columbine Right », 10 décembre 2000, Second Amendment Project, www.davekopel.com/NRO/2000/Getting-Columbina-Right.htm

Voir aussi, sur le montage du film : www.mooreexposed.com/bfc.html

Sur les chiffres comparatifs des homicides, voir www.nationmaster.com/graph-T/cri_mur_cap

Pour les chiffres détaillés du Center for Disease Control en 1999 : www.cdc.gov/nchs/releases/01facts/99mortality.htm

5. Un homme blanc très stupide

Sur les fraudes électorales en Floride en 1997, *cf.* www.miamiherald.com/4009786.htm

Voir aussi www.newsherald.com/archive/local/ld081998.htm

Sur les détails de la révision des listes électorales décidée en 1998 par la législature de Floride après les fraudes de 1997, voir www.commondreams.org/headlines01/0527-03.htm

Sur l'étude organisée par *USA Today*, le *Miami Herald*, et Knight Ridder, *cf.* « Newspaper recount show Bush pre-

vailed », *USA Today*, 3 avril 2001, www.usatoday.com/news/washington/2001-04-03-floridamain.htm#more
Voir aussi www.mediaresearch.org/cyberalerts/2001/cyb20010405.asp, « Bush Wins by Gore standard », *Chicago Sun-Times*, www.findarticles.com/p/articles/mi_qn4155/is_20010404/ai_n13902202

Sur le vote de Dick Cheney contre l'Equal Rights Amendment en 1983, voir www.ontheissues.org/2004/-Dick_Cheney_Civil_Rights.htm

Sur les positions de Dick Cheney sur l'avortement, voir www.ontheissues.org/2004/Dick_Cheney_Abortion.htm
Voir aussi www.commondreams.org/cgi-bin/print.cgi?file=/views01/0131-03.htm

Sur la loi Brady, voir 18 U.S. Code§922 (t) (2) (c)

Le texte complet de la loi Brady est disponible sur www.usgovinfo.about.com/library/bills/blbradyact.htm

Le ministère de l'Intérieur américain ne peut prendre la moindre décision législative concernant l'industrie de la pêche, comme le dit Moore : « La Constitution donne ce genre de prérogatives au Congrès. Il n'est pas dans le pouvoir d'un ministre de déclarer une loi non constitutionnelle. » Avant de devenir ministre de l'Intérieur, Gale Norton a été *attorney general* du Colorado et, auparavant, responsable juridique du United States Fish and Wildlife Service, chargé de veiller à la préservation de la faune sauvage, et de mettre à jour la liste des espèces en danger.

À son arrivée à la Maison-Blanche, Bush a signé un *executive order* définissant la ligne éthique de la Maison-Blanche et stipulant que « quiconque entre au service du gouvernement des États-Unis a le devoir vis-à-vis du peuple américain de maintenir les critères d'intégrité les plus élevés ». Paul O'Neil a revendu les actions d'Alcoa qu'il possédait quelques semaines après avoir accepté de devenir secrétaire au Trésor. *Cf.* John Berlau, « The dollars 100 Million Misunderstanding », *Insight on the News*, 2 avril 2001.

Donald Rumsfeld s'est opposé aux accords SALT II. Mais Moore ne donne pas le contexte. Les accords SALT II ont été signés le 18 juin 1979 à Vienne entre Jimmy Carter et Leonid Brejnev. Six mois plus tard, l'Union soviétique envahissait l'Afghanistan. Le Congrès américain n'a jamais ratifié les accords SALT II. En novembre 1980, Ronald Reagan était élu Président après avoir dénoncé les accords SALT II. Sur le sujet, *cf.* Manfred R. Hamm, Brian Green, « SALT II : At What Price ? », 7 juin 1985, heritage.org

Spencer Abraham ne s'est pas opposé aux recherches sur les énergies renouvelables. En tant que sénateur, il a œuvré pour la liberté du commerce en ligne et rédigé le « Electronic Signature in Global and National Commerce Act ». En tant que ministre de l'Énergie, il a défini la politique énergétique des États-Unis en 2001 de la façon suivante : « Les États-Unis doivent concilier l'accroissement de leur production d'énergie avec l'utilisation d'énergies non polluantes et à rendement élevé en formant des partenariats internationaux. »

www.usinfo.state.gov/journals/ites/0504/ijef/frabr.htm

Colin Powell a bien siégé au conseil d'AOL sans que ce soit un crime.

Condoleeza Rice a bien travaillé à Chevron sans que ce soit un crime non plus.

Kenneth Lay n'a jamais été conseiller de George W. Bush. Toutes les grandes entreprises américaines contribuent au financement des campagnes électorales démocrates et républicaines. Enron a fait faillite en décembre 2001.

Lay fut inculpé pour fraude le 7 juillet 2004. Il est mort le 5 juillet 2006, trois mois et demi avant que la justice ait prononcé sa sentence. Il risquait un minimum de vingt ans de prison.

Sur Prescott Bush, *cf.* J. Michael Waller, « Dispelling the Left's Lies about George W. Bush », *Insight Magazine*, 19 février 2004. Les allusions de Moore renvoient à un article publié le 13 mai 2003 par le journal du Parti communiste cubain, *Granma*, intitulé « La famille Bush a financé Hitler ». « Prescott Bush a fait partie du conseil d'administration de la Union Banking Corporation, dont l'un des actionnaires était la famille Thyssen, qui a financé les nazis dans les années 1920 par peur du communisme. En 1938, la famille Thyssen, qui avait rompu avec les nazis depuis la Nuit de cristal, se vit retirer sa nationalité et confisquer sa fortune. C'est au moment où les membres de la famille Thyssen étaient en prison en Allemagne que Prescott a siégé au conseil d'administration. Il n'a jamais possédé qu'une seule action de l'Union Banking, le minimum requis pour siéger. Strictement rien ne montre qu'il ait jamais eu le moindre lien avec la famille Thyssen et *a fortiori* avec le régime nazi. »

Si Noriega a été renversé, Panama City n'a pas été « bombardé ». Le Panamá est, depuis, une démocratie pluraliste. *Cf.* Roberto Eisenman, « For a Panamanian, Hope and Tragedy », *New York Times*, 21 décembre 1989 ; "Combat in Panama, Operation Just Cause", *Los Angeles Times*, 21 décembre 1989.
Voir aussi Orlando J. Perez, « Public Opinion and the Future of US-Panama Relations », *Journal of Interamerican Studies and World Affairs*, automne 1999.

Louis Farrakhan, dirigeant de The Nation of Islam :

« Les juifs n'aiment pas Farrakhan. Alors, ils m'appellent Hitler. C'est un beau nom. Hitler était un très grand homme. Il a redressé l'Allemagne alors qu'elle était en cendres », discours, 1984. *Cf.* « The Ugly Influence of Louis Farrakhan », *Free Republic*, www.freerepublic.com/-focus/f-news/1344288/posts

Sur les détails du taux d'analphabétisme aux États-Unis non pris en compte par Moore, *cf.* National Center for Educational Statistics, *Executive Summary of Adult Literacy in the United States : A First Look at the Results of the National Adult Literacy Survey*, www.nces.ed.gouv/naal/resources/execsumm.asp

Fred Barnes, disant qu'il n'a jamais parlé à Moore : Alan Wolfe, « Idiot Time », *New Republic*, 8 juillet 2002. Fred Barnes a suivi des études universitaires de lettres classiques.

Sur les gaz à effet de serre et l'automobile, voir Robert Poole, « CO^2 and Cars : Sense and Nonsense », Reason Foundation, www.reason.org/surfacetransportation42.shtml#feature5

Sur le rejet du protocole de Kyoto par le Sénat américain dès 1997, *cf.* Helen Dewar, « Senate Advises Against Emissions Treaty That Lets Developing Nations Pollute », *Washington Post*, 26 juillet 1997.

Sur les erreurs multiples de Moore concernant l'encéphalite spongiforme bovine, voir Deborah S. Rogers, « Mad Cow Here ? It's the Wrong Question », *Star Tribune*, Minneapolis, 2 avril 2001.

Sur l'incident avec la Chine en 2001, voir « U.S. chides China for holding spy plane crew », CNN.com, 2 avril 2001.

Sur la Commission des droits de l'homme des Nations unies, voir « The colossal failure of the UN Human Rights

Council », www.publiuspundit.com/2007/03/the_colossal_failure_of_the_un.php et, « The United Nations Human Rights Council : A Disastrous First Year », *Newsbull*, 1er juin 2007,www.newsbull.com/forum/topic.asp?TOPIC_ID=46334

Sur les dépenses militaires soviétiques sous Gorbatchev : G. Lundestad, « "Imperial Overstretch", Mikhail Gorbachev, and the End of the Cold War », Cold War History, vol.1, 2000, taylorandfrancis.metapress.com/ index/ 033AD5VE0MJP3P44.pdf

Sur le coût réel du Joint Strike Fighter et les erreurs de Moore sur les chiffres du budget de la défense américain, *cf.* Ben Fritz, « One Moore Stupid White Man », spinsanity.org/columns/20020403.html

Sur la négation d'Israël et le recours par l'OLP à la formule « Jeter les juifs à la mer », *cf.* « A Brief History of Israel And Palestine », Contender Ministries, 2000, www.contenderministries.org/articles/israelhistory.php
Voir aussi Rachel Neuwirth, « The Six Days War : A Retrospective », 9 décembre 2006, opinioneditorials.com

6. Cent six degrés Fahrenheit. Mort cérébrale

Le démontage le plus complet du livre *Dude, Where is My Country?* (en dehors de celui que j'offre ici) se trouve sur le site Mooreexposed à l'adresse suivante : www.mooreexposed.com/dwmc.html
Voir aussi Bryan Keefer, « Dude, Where's My Intellectual Honesty ? », spinsanity.org, 16 octobre 2003 ; Bryan Keefer, « Moore's myriad mistakes », spinsanity.org

Le livre commence par « sept questions ». On trouvera

une réponse à ces questions dans : Tim Blair, « Moore of the same », 7 octobre 2003, www.timblair.spleenville.com/archives/004395.php

Sur les vols empruntés par la famille Ben Laden pour quitter les États-Unis après le 11 septembre, voir Bill Andrews, « Bin Laden Family's US Exit Approved », *Edinburgh Evening News*, 3 septembre 2003 ; Kevin Cullen, « Bin Laden Kin Flown Back to Saudi Arabia », *The Boston Globe*, 20 septembre 2001.

Sur la réouverture de l'espace aérien américain, *cf.* « Returning to the Air », CBSNews.com, 15 septembre 2001.

Dans des notes de bas de page de son chapitre 1er, Moore cite de nombreux articles afin de donner l'impression qu'il dispose de preuves et que ce qu'il écrit est solidement étayé. À lire les articles en question, on découvre que les « preuves » ne démontrent rien, car on n'y trouve que des éléments que chacun connaît déjà et qui ne viennent en rien étayer les spéculations de Moore (exemple, l'article d'Elisabeth Bumiller, « Saudi Tells Bush US Must Temper Backing of Israel », paru dans le *New York Times* du 26 avril 2002, où les Saoudiens sont décrits comme incitant Bush à moins soutenir Israël, ce qui n'a aucun rapport avec ce dont Moore traite).

Ou bien, ce qui est plus grave, on découvre des éléments qui viennent contredire ce que Moore écrit, ce qui montre que Moore n'a pas lu les articles qu'il cite, ou bien qu'il pense que le lecteur ne les lira pas.

Moore écrit par exemple : « Comment un type sous dialyse terré dans une grotte d'Afghanistan a-t-il pu diriger et superviser pendant deux ans les activités de dix-neuf terroristes ? » Il cite en référence un autre article du *New York*

Times, « Pakistanis say Bin Laden may be dead of disease » (19 janvier 2002). En lisant l'article, on apprend ceci : « Quand bien même des rumeurs courent sur l'état de santé de Ben Laden, aucune preuve ne permet d'affirmer qu'il a des problèmes rénaux ou qu'il est sous dialyse ». Moore s'est fié au titre de l'article, qui parle de rumeurs, mais il n'a pas lu ce qui suivait.

Moore fait, d'ailleurs, état de rumeurs infondées comme s'il s'agissait de faits : ainsi lorsqu'il cite l'article d'Ahmed Rashid paru dans *Foreign Affairs* en novembre 1999. « Si jamais Ben Laden était arrêté et jugé aux États-Unis, son procès pourrait être embarrassant », écrit Rashid. Rapporter de manière infondée des propos eux-mêmes infondés ne constitue en aucune façon une démonstration.

« Pourquoi avez-vous autorisé un avion privé saoudien », demande Moore. Il s'agissait d'un avion de location et non d'un « avion privé saoudien ». Ce n'est pas le Président qui autorise les vols aux États-Unis. Le vol concerné a eu lieu le 13 septembre, quand l'espace aérien américain commençait à se rouvrir. Une question formulée de manière erronée appelle des rectifications, pas une réponse.

« Vous avez protégé des terroristes potentiels en faisant obstacle au cours légitime d'une enquête », écrit Moore. Le Président ne peut s'immiscer dans le cours de la justice, qui est elle-même tenue de respecter la loi. La loi en question est la loi Brady (18 U.S. Code§922 [t] [2] [c]). Moore est contre l'application de la loi Brady, car elle peut, dit-il, « protéger des terroristes ». Mais quand le Patriot Act viendra remettre en cause la loi Brady, Moore sera contre le Patriot Act.

« Les talibans ont été invités au Texas sous votre mandat de gouverneur » : phrase typique des accolements douteux pratiqués sans cesse par Moore. J'en ai parlé plus haut : les talibans ont été invités par Unocal et par Clinton. Ils sont allés à Washington et au Texas. Bush était gouverneur, mais il ne les a pas rencontrés, à la différence des membres du gouvernement Clinton. L'art d'utiliser deux faits exacts pour créer une idée fausse.

Le Cato Institute, décrit comme « fondation ultraconservatrice » est, en fait, libertarien, partisan du libre échange, et en désaccord profond avec le gouvernement Bush sur de nombreux sujets, dont « la guerre contre le terrorisme » (*cf.* cato.org/about/about.html).

Quand Moore décrit l'installation de Ben Laden en Afghanistan en 1996 et note que « cela n'avait l'air de déranger personne », il ne dit pas une seule fois que le gouvernement en place était celui de Clinton, et il n'incrimine pas une seule fois celui-ci.

La centrale de Dabhol, en Inde, décrite hâtivement par Moore comme une « escroquerie », est née, en 1995, de la volonté de l'Inde de s'ouvrir au monde et de sortir de l'économie socialiste. Enron a répondu à un appel d'offres. Le projet s'est enlisé en Inde pour des raisons bureaucratiques et parce que des mouvements altermondialistes en ont fait le symbole de l'entrée de l'Inde dans la mondialisation. L'échec du projet ne relève en rien de l'escroquerie. *Cf.* Tony Allison, « Enron's Eight Years Power Struggle in India », *Asia Times*, 18 janvier 2001.

Le chapitre 2, où Moore montre son affection pour les hamburgers, repose sur une succession de phrases imputées à Bush et écrites en fait par Moore.

« L'Irak possède des armes nucléaires » : jamais Bush ou un membre de son gouvernement n'a dit que l'Irak avait des armes nucléaires, mais qu'il *cherchait à se procurer les moyens d'en fabriquer*.

Le rapport Wilson sur lequel Moore prétend se fonder a été réfuté et il a été démontré que Wilson avait menti : Christopher Hitchens, « Joe Wilson : Clueless Liar », *Slate*, 19 avril 2006.

Pour les armes « chimiques et biologiques », Moore affirme tout à la fois qu'il n'y en avait pas en Irak, et que les États-Unis en ont vendu beaucoup à l'Irak. Ce qui est très cohérent et pas du tout contradictoire !

Le rapport du Congrès dont parle Moore est : « Is Military Research Hazardous to Veterans' Health ? Lessons Spanning Half a Century », 8 décembre 1994 (*cf.* www.gulfweb.org/bigdoc/rockrep.cfm). Ce rapport ne porte pas sur les ventes d'armes chimiques et bactériologiques à l'Irak.

Bagdad a effectivement eu des liens avec al-Qaida. *Cf.* Stephen Hayes, *The Connection : How al Qaeda's Collaboration with Saddam Hussein Has Endangered America*, HarperCollins, 2004. Personne au sein du gouvernement Bush n'a dit, comme l'affirme Moore, que Saddam « avait quelque chose à voir avec les trois mille morts du World Trade Center ». Amalgamer un fait avéré avec une affirmation fausse sert à Moore tantôt à crédibiliser l'affirmation fausse, tantôt à décrédibiliser le fait avéré.

Moore écrit : « Wesley Clark témoigne que, dès le 11 septembre, il a reçu des coups de téléphone de diverses « fondations » et de fonctionnaires de la Maison-Blanche. » Wesley Clark a déclaré avoir reçu un coup de téléphone d'un membre d'un *think tank*, pas de qui que ce soit de la Maison-Blanche. *Cf.* William Saletan, « The Agenda of Wesley Clark », *Slate*, 18 septembre 2003.

Saddam, dit Moore, a « massacré des milliers de chiites parce qu'ils représentaient une menace pour le pouvoir laïc du parti Baas». Saddam est défini par Moore comme un laïc, pas comme un dictateur. Cette façon de raisonner se retrouvera dans *Fahrenheit 9/11*.

Les États-Unis n'ont jamais soutenu Pol Pot, et le génocide cambodgien est survenu *après* que les États-Unis eurent quitté la péninsule indochinoise.

Les assassins de Lumumba sont, sans doute, des militaires belges, pas des agents américains, comme l'a montré la Commission d'enquête belge de 2001. *Cf.* «Who Killed Lumumba?», www.africawithin.com.

Voir aussi : Stephen R. Weissman, «Opening the Secret Files on Lumumba's Murder», *Washington Post,* 21 juillet 2002.

Le renversement de Joao Goulart en avril 1964 a été organisé par l'armée brésilienne, avec la bienveillance du gouvernement Johnson. Les États-Unis n'ont pas «organisé un coup d'État», comme l'admet William Blum, pourtant très critique envers la politique américaine en Amérique latine (*cf.* William Blum, *Killing Hope : U.S. Military and CIA Interventions Since World War II*, Common Courage Press, 2003).
Voir aussi Tony Smith, *America's Mission*, Princeton University Press, 1995.

La prise de pouvoir par Suharto en Indonésie a eu lieu dans un contexte d'assassinats et de guerre civile. Résumer cela à «un putsch renversant un gouvernement démocratique» ne correspond pas aux faits. *Cf.* Victor M. Fic, *Anatomy of the Jakarta Coup : October 1, 1965*, Abhinav Publications, 2004.

«C'étaient les Américains qui faisaient de juteux profits avec le régime de Saddam», écrit Moore. Le commerce dont parle Moore se faisait dans le cadre des accords

« pétrole contre nourriture ». Il passait par les Nations unies et la BNP à New York. Les accords « pétrole contre nourriture » ont été à l'origine d'un processus massif de corruption dans lequel sont impliqués de nombreux protagonistes, mais pas les États-Unis. Sur ce sujet, voir Claudia Rosett, « The Oil-for-Food Scam : What Did Kofi Annan Know, and When Did He Know It ? », *Commentary*, avril 2004.

Je reviens dans le chapitre suivant sur la « coalition des volontaires » que Moore qualifie de « coalition des vendus et des trouillards ». Les pays d'Europe centrale émancipés de l'Union soviétique, et qui faisaient partie de la coalition, seront sans doute flattés de se voir affublés collectivement de ces qualificatifs.

Moore corrige, indirectement, un mensonge présent dans *Bowling for Columbine*, puisqu'il découvre que Lockheed Martin à Littleton fabrique des lanceurs de satellites. Il note ceci : « Lockeed Martin, le plus gros fabricant d'armes de la planète, a construit la fusée qui a permis de mettre sur orbite les nouveaux satellites spéciaux qui ont guidé les missiles lancés sur Bagdad ».

Pour les morts de la guerre, Moore fait état de « certaines estimations » sans citer ses sources. Lorsqu'il parle de victimes civiles de la guerre en Irak, il ne fait aucune différence entre les morts dus à l'armée américaine et les morts victimes du terrorisme (il est vrai que, pour Moore, des gens qui se font exploser dans une école ou sur un marché sont des « résistants »).

Pour la presse, Moore distingue les « proguerre » et les « antiguerre » sans analyser ce que signifient et recouvrent ces mots. Moore cite, réprobateur, un présentateur reprochant à son interlocuteur de ne « faire aucune différence entre un gouvernement qui opprime son peuple et un gouvernement comme le nôtre ». Ce commentaire peut s'appliquer à Moore.

Moore semble penser que le gouvernement qui opprime est celui des États-Unis.

Moore parle de mensonges, et note : « Si vous êtes pris en flagrant délit de mensonge, niez tout et continuez de mentir, quoi qu'il arrive ». C'est une forme d'autoportrait.

Inutile d'expliquer qu'il y a une menace terroriste. La phrase « Il n'y a pas de menace terroriste » se passe de commentaires. Ceux qui cherchent de la documentation sur le terrorisme depuis 2001 crouleront sous les références.

Moore incrimine le Patriot Act comme si « intercepter et identifier » les messages électroniques privés et accéder aux relevés d'achat par carte bancaire était inutile pour la sécurité. C'est pourtant grâce à ce genre de procédures qu'on a pu retracer l'itinéraire des terroristes du 11 septembre et que divers complots terroristes ont été démantelés depuis. *Cf.* par exemple « Records suggest Atta in NYC on Sept. 10 », CNN.com, 22 mai 2002.

Moore dit que Ben Laden est un « multimillionnaire » avant d'être un « islamiste » : « Sus aux multimillionnaires ! Tous en taule ! », ajoute-t-il. Cela s'applique-t-il, selon lui, à un multimillionnaire nommé Michael Moore ?

Moore a son idée sur la façon de mettre fin aux attentats-suicides qui serait simple : « Donnez aux Palestiniens quelques escadrons d'hélicoptères Apache et laissez-les s'empailler avec Israël ». Pas de commentaire nécessaire.

Moore propose aux États-Unis de pratiquer le désarmement unilatéral afin de donner l'exemple à des pays tels que la Corée du Nord. Cela se passe de commentaire encore, et il n'y a aucun besoin de démonstration.

Moore parle de « la guerre que mènent les patrons contre le peuple américain ». Vu le niveau de vie et le taux d'emploi aux États-Unis, les patrons sont apparemment loin d'avoir partie gagnée !

Il s'en prend au mythe américain du *self made man :* Moore est effectivement la preuve incarnée qu'on ne peut pas partir de rien et réussir aux États-Unis ! Ceux qui deviennent millionnaires, ajoute-t-il, sont « un sur un million ». S'il avait raison, les États-Unis devraient avoir trois cents millionnaires. Le nombre de ceux dont le patrimoine est égal ou supérieur à un million de dollars aux États-Unis est aujourd'hui d'environ 3,5 millions de personnes.

Le livre est dédié à Rachel Corrie, militante d'une organisation de soutien au terrorisme palestinien (International Solidarity Movement), tuée alors qu'elle tentait d'empêcher l'armée israélienne de reboucher des tunnels servant à faire passer des armes et des explosifs depuis l'Égypte.

Les autres mensonges, omissions, glissements sémantiques, accolements approximatifs présents dans le livre se retrouvent dans le film *Fahrenheit 9/11.* Les références venant étayer leur réfutation se trouveront dans les notes du chapitre 7.

Pour le film *Celsius 41.11*, voir le site www.celsius4111.com

7. Dissection d'un film

On trouvera un argumentaire de démontage de *Fahrenheit 9/11* sur le site de Dave Kopel (www.davekopel.com), sous le titre « Fifty-nine Deceits in *Fahrenheit 9/11* ».

Randy Barnett, professeur de droit à la Boston University : « On peut remarquer l'extrême méticulosité du film pour dire seulement des choses essentiellement vraies ou défendables et les utiliser pour donner une impression complètement trompeuse. Le soin pris par Kopel pour décrire les « tromperies de Moore est, en ce sens, plus efficace qu'une simple critique frontale » (www.volokh.com/archives/archive_2004_07_00.shtml#1088978471).

Sur la « Fête de la victoire » où Al Gore apparaît en Floride : « Gore Campaigns Into Election Day », Associated Press, 7 novembre 2000.

Sur les annonces de victoire faites à la télévision le 7 novembre au soir, voir Joan Konner, James Risser & Ben Wattenberg, *Television's Performance on Election Night 2000 : A Report for CNN*, 29 janvier 2001.

Voir aussi Linda Mason, Kathleen Francovic & Kathleen Hall Jamieson, « CBS News Coverage of Election Night 2000 : Investigation, Analysis, Recommendations », CBS News, janvier 2001.

Pour les résultats de novembre 2000 donnant la victoire à Bush selon tous les recomptages envisageables légalement, voir le rapport cité plus haut : « Newspaper recount show Bush prevailed », *USA Today*, 3 avril 2001, www.usatoday.com/news/washington/2001-04-03-floridamain.htm#more
/www.mediaresearch.org/

Pour ce qui concerne la révision des listes électorales en Floride en 1998, voir le texte cité plus haut : www.commondreams.org/headlines01/0527-03.htm

Pour le titre original du journal *The Pantagraph*, *cf.* www.pantagraph.com

Sur l'étude du National Opinion Research Center de

l'université de Chicago, *cf.* « Florida recount study : Bush still wins », CNN.com

L'étude a été commandée par The Associated Press, *The New York Times, The Wall Street Journal*, CNN, *The St. Petersburg Times, The Palm Beach Post, The Washington Post, The Los Angeles Times, The Chicago Tribune, The Orlando Sentinel* et *The Baltimore Sun.* Pour l'étude complète : www2.norc.org/fl/

Les déclarations de Jeffrey Toobin figurent dans leur intégralité sur le site CNN.com

Sur l'éviction d'Alcee Hastings de son poste de juge fédéral, voir Ruth Marcus, « Senate Removes Hastings », *Washington Post*, 21 octobre 1989.

Sur Barbara Lee, voir David Horowitz, « Disloyalty of Democrats », *Salon*, 7 juin 1999.

Sur Maxine Waters et les émeutiers de 1992, *cf.* Michelle Malkin, « The Party of Maxine Waters », Adversity.net, 18 août 2000.

Sur les cérémonies d'investiture de Bush le 20 janvier 2001 : « President Bush Sworn In », http ://news.bbc.co.uk/2/hi/americas/1127937.stm

Sur le temps de travail de Bush avant le 11 septembre, *cf.* Mike Allen, « White House On the Range. Bush Retreats to Ranch for Working Vacation », *Washington Post*, 7 août 2001.

Voir aussi Tom McNamee, « Just the facts on "Fahrenheit 9/11" », *Chicago Sun-Times*, 28 juin 2004 ; « The Truth About "Fahrenheit 9/11" », Foxnews.com, 29 juin 2004.

Pour le témoignage d'Edward Koch, lire : Edward Koch, « Moore's propaganda film cheapens debate, polarizes nation », *World Tribune*, 28 juin 2004.

Le discours de Bush à Washington le 31 août 2001 portait sur le lancement du nouveau site internet de la Maison-Blanche et figure sur le site officiel : « President's Remarks During Launch of White House Website », www.whitehouse.gov/news/releases/2001/08/20010831-3.html

Sur la réaction des enseignants de l'école de Sarasota le 11 septembre 2001 : « Sarasota principal defends Bush from "Fahrenheit 9/11" portrayal », Associated Press, 24 juin 2004.

Concernant Ari Fleischer, l'appréciation de Lee Hamilton et les circonstances dans lesquelles Bush apprend les attentats : Bill Sammon, « Suddenly A Time to Lead », *Washington Times*, 7 octobre 2002.

La note « Bin Laden Determined to Strike the US » a été « déclassifiée » le 10 avril 2004. Texte intégral : www.cnn.com/2004/ALLPOLITICS/04/10/august6.memo/

Pour les déclarations de Condoleeza Rice : « National Security Advisor Holds Press Briefing. Press Briefing by National Security Advisor Dr. Condoleeza Rice », www.whitehouse.gov/news/releases/2002/05/20020516-13.html

Sur le trafic aérien les 13, 14 et 15 septembre 2001 et l'autorisation de départ des Saoudiens, voir Michael Isikoff et Mark Hosenball, « More Distortions From Michael Moore. Some of the main points in "Fahrenheit 9/11" really aren't very fair at all », *Newsweek*, 30 juin 2004.

Sur le rôle de Clarke dans l'autorisation de départ des Saoudiens tel que ce rôle a été déterminé par la Commission sur le 11 septembre : www.9-11commission.gov/hearings/hearing10/staff_statement_10.pdf

Le rapport est disponible sur Internet : www.gpoaccess.gov/911/pdf/fullreport.pdf

Sur le dossier militaire de Bush et James Bath : Matt Labash, « Un-Moored from Reality », *Weekly Standard*,

5 juillet 2004 ; Thomas Frank, « Film offers limited view », *Newsday*, 27 juin 2004.

Pour la « Privacy rule » qui a conduit à effacer le nom de Bath : http://www.gwu.edu/˜nsarchiv/NSAEBB/NSAEBB116/pdb8-6-2001.pdf

Sur le prince Bandar à Washington : Elsa Walsh, « The Prince. How the Saudi Ambassador became Washington's indispensable operator », *The New Yorker*, 24 mars 2003.

Sur le livre de Craig Unger, *House of Bush, House of Saud :* Stephen Schwartz, « A Paranoid Anti-Bush Rant », *Los Angeles Times*, 23 mars 2004.

Concernant Bush et Arken Energy : James Dunbar, « A Brief History of Bush, Harken and the SEC », *Center for Public Integrity*, 16 octobre 2002.

Sur le livre de Dan Briody, *The Iron Triangle*, et sur le groupe Carlyle, *cf.* Michael Isikoff et Mark Hosenball, article cité.

Sur Carlyle, l'abandon du système Crusader, la vente des actions United Defense et le retrait des Ben Laden, *cf.* Michael Isikoff, « Under the Hot Lights. Moore's movie will make waves. But it's a fine line between fact and fanaticism. Deconstructing Fahrenheit 9/11 », *Newsweek*, 28 juin 2004.

Sur la présence importante de Soros dans l'actionnariat de Carlyle, voir Oliver Burkeman et Julian Borger, « The Ex-Presidents' Club », *The Guardian*, 31 octobre 2000.

Sur les sommes investies par les Saoud aux États-Unis, *cf.* « Enormous Wealth Spilled Into American Coffers », *Washington Post*, 11 février 2002.

Voir aussi Tanya C. Hsu, « The United States Must Not Neglect Saudi Arabian Investment », *Saudi American Forum*, 23 septembre 2003.

Pour les chiffres permettant de déterminer la proportion réelle des investissements saoudiens aux États-Unis : Bureau of the Census, *Statistical Abstract of the United States,* table 1203.

Pour les estimations de Brad Bourland : www.saudi-american-forum.org/Newsletters/SAF_Essay_11.htm

Sur la mission des services secrets américains à Washington : www.secretservice.gov/mission.shtml

Voir aussi : Debbie Schlussel, « FAKEN-heit 9-11. Michael Moore's Latest Fiction », www.debbieschlussel.com, 25 juin 2004.

Sur le livre de Richard Clarke, voir David Skinner, « Richard Clarke, Action Hero », *The Weekly Standard*, 27 avril 2004 ; « Richard Clarke, Fraud », PowerLineBlog.com, 22 mars 2004.

On trouvera des détails sur le projet de pipeline Unocal dans Jonathan Foreman, « Moore's The Pity » *New York Post*, 23 juin 2004.

Sur la différence entre le premier et le second projet de pipeline et la non-construction du second pipeline : « Afghanistan Fact Sheet », EIA Country Analysis, www.eia.doe.gov/emeu/cabs/afghan.html

Sur le passé de Hamid Karzai : www..209.41.191.254/cnn.cfm ?id = 118579&category = Economy&Country = AFGHANISTAN

Voir aussi : www.cbc.ca/news/background/afghanistan/karzai.html

Concernant Zalmay Khalilzad : Jon Lee Anderson, « American Viceroy, Zalmay Khalilzad Mission », *The New Yorker*, 19 octobre 2005.

Sur la visite de Rahmatullah Hashemi aux États-Unis en 2001, voir www.coastalpost.com/07/06/23.html

Sur Jim McDermott et ses liens avec le régime de Saddam Hussein, voir Stephen Hayes, « The Baghdad Democrats : David Bonior and Jim McDermott have created a headache for their party », *The Weekly Standard*, 14 octobre 2002 ; Jim Brunner, « Aide says McDermott wasn't aware of Saddam link », *Seattle Times*, 17 avril 2004.

Concernant la remarque de Bush pendant une partie de golf sur un attentat en Israël : « Cyberalert », Media Research Center, 1er juillet 2004.

Sur ce que savait le FBI et le « Phoenix Memo » : Brendan Nyhan, « Fahrenheit 9/11 : The temperature at which Michael Moore's pants burn », Spinsanity.org, 2 juillet 2004.

Pour des détails sur le « Phoenix Memo » : www.usgovinfo.about.com/library/weekly/aa092502a.htm

Pour des détail sur le budget du FBI en 2001-2002 : www.fbi.gov/congress/congress01/freeh051001.htm

Le site de Peace Fresno : www.peacefresno.org

Le site d'ANSWER : www.answer.pephost.org

Voir aussi : « A.N.S.W.E.R. (Act Now to Stop War and End Racism) : Profile », Stand4Fact.org

Sur le Patriot Act et la présomption d'innocence : voir Andrew C. McCarthy, « The Patriot Act Under Siege », www.nationalreview.com/comment/mccarthy200311130835.asp

Voir aussi : www-personal.umich.edu/˜jeda/PatriotActFacts.htm

Sur les effectifs des gardes-côtes le long des côtes de l'Oregon : www.globalsecurity.org/military/agency/dot/district13.htm

Sur la police d'État de l'Oregon : www.egov.oregon.gov/OSP/

Sur la situation des droits de l'homme en Irak sous Saddam Hussein avant mars 2003, voir le rapport d'Amnesty International, web.amnesty.org/web/ar2002.nsf/ mde/iraq !Open

Sur les menaces du régime de Saddam Hussein envers des États-Unis et les Américains, voir la traduction de textes du journal *al-Iqtisadi* dirigé alors par Uday Hussein, sur le site memri.org : « Iraq Calls for the Formation of Suicide Squads to Strike American Targets and Interests », 9 septembre 2002.

Sur les assassinats d'Américains par l'intermédiaire du régime de Saddam Hussein, l'aide apportée par le régime irakien au terrorisme et à l'attentat de 1993 contre le World Trade Center, *cf.* Laurie Mylroie, *Study of Revenge : Saddam Hussein's Unfinished War Against America.*, AEI Press, 2000.

Sur le film de George Gittoes, *Soundtracks to War :* www.electroniciraq.net/news/1652.shtml

Sur l'utilisation du film de Gittoes par Moore : www. theage.com.au/articles/2004/ 07/27/1090693936198.html? oneclick = true

Sur les armes de destruction massive en Irak, voir « Report : Hundreds of WMDs Found in Iraq », Foxnews, 22 juin 2006 ; Walter Pinkus, « Munitions Found in Iraq Renew Debate », *Washington Post*, 1er juillet 2006.

Sur les liens du régime irakien avec al-Qaida, voir aussi Stephen Hayes, « The Clinton View of Iraq-al-Qaida ties », *The Weekly Standard*, 29 décembre 2003 ; Stephen Hayes, « Just Friends, What tomorrow's 9/11 Commission final report will say about the Iraq-al Qaeda connection », *The Weekly Standard*, 21 juillet 2004.

Voir aussi Stephen Hayes, « Camp Saddam What we've

learned about Iraq's terrorist training camps », *The Weekly Standard*, 3 avril 2006.

Sur Gregory Stone et les réactions de sa famille à l'utilisation des images d'enterrement : John McCaslin, « Inside the Beltway », *Washington Times*, 13 juillet 2004.

Le site du Department of Veterans Affairs : VA.gov.

On y trouve tout ce qui concerne le financement des hôpitaux d'anciens combattants, les pensions qui leur sont versées, leurs remboursements de soins de santé.

Mary Anne Poust, « Presidential hopefuls Gore and Bush mix humor and politics at Al Smith Dinner », *Catholic New York*, 26 octobre 2000.

Sur l'utilisation des images de Peter Damon et d'autres blessés à l'hôpital : « Iraq war vet sues Michael Moore, "Fahrenheit 9/11" misrepresents dismembered veteran », CNN.com, 2 juin 2006 ; Dan Glaister, « Armless soldier sues Moore for using his image in anti-war film », *The Guardian*, 2 juin 2006.

Sur le nombre d'enfants de membres du Congrès servant en Irak : edition.cnn.com/2005/ALLPOLITICS/03/14/congress.kidsatwar.ap/index.html

Voir aussi Tom Ford, « Conflict with Iraq : Some members of Congress have great personal interest in the war », *Minneapolis-St. Paul Star Tribune*, 10 avril 2003.

Sur Lila Lipscomb, et la non-prise en compte de la veuve de Michael Pederson, son fils : Ben Schmitt, « Flint woman spotlighted in Moore's latest movie », *Detroit Free Press*, 29 mai 2004.

Sur le fait que la lettre lue n'est pas la dernière lettre du sergent Pederson : www.freep.com/entertainment/movies/moore29_20040529.htm

Sur la composition sociale des gens qui s'engagent dans

l'armée américaine et le profil de ceux qui sont morts en Irak : Sydney J. Freedberg, Jr., « The Fallen : A profile of U.S. troops killed in Iraq and Afghanistan », GovExec.com, 28 mai 2004.

Les citations de Moore figurent sur son site : MichaelMoore.com

À l'exception de la réaction de Moore le 11 septembre 2001, qui a été effacée.

Sur l'utilisation du film par le Hezbollah : Samantha Ellis, « Fahrenheit 9/11 gets help offer from Hezbollah », *The Guardian*, 17 juin 2004.

Voir aussi : www.nypost.com/postopinion/opedcolumnists/27021.htm ; Jacob Laskin, « Hezbollah's Hollywood Hero », FrontPageMagazine.com, 6 juillet 2004.

Pour les citations de Saddam Hussein et d'un dirigeant iranien après le 11 septembre : « Attacks draw mixed response in Mideast », CNN.com, 12 septembre 2001.

Pour la citation d'Orwell, *cf.* Christopher Hitchens, « Unfairenheit 9/11The lies of Michael Moore », *Slate*, 21 juin 2004.

8. Te croiront-ils à nouveau ?

Sur les sommes demandées par Michael Moore aux universités pour les conférences de son « Slackers Tour » : David French, « Michael Moore and the Scandal of Student Fees », Foundation for Individual Rights in Education, thefire.org, 11 novembre 2004.

Pour Democrats United Against Michael Moore, *cf.* www.duamm.blogspot.com/

Michael Moore, *Will They Ever Trust Us Again*, Penguin Books, 2005.

Les sites consacrés à Moore :

Moorewatch : fondé par Jim Kenefick. Sous-titre : Watching Michael Moore every move, www.moorewatch.com

Jim Kenefick ayant été confronté à des difficultés personnelles, un « donateur anonyme » lui a « fait cadeau » de 12 000 dollars. Ce donateur s'est révélé être plus tard Michael Moore, qui utilisera plus tard l'épisode dans *Sicko*. Pour une explication complète de cette manipulation de Moore contre un de ses adversaires : www.moorewatch.com/index.php/weblog/comments/1635/

Mooreexposed : fondé par David T. Hardy, ancien juriste du Department of the Interior. Phrase d'introduction : « Un homme obèse est-il le mieux placé pour nous parler des vices de la société de consommation ? L'habitant d'un appartement à plus de un million de dollars peut-il se poser légitimement en représentant de la classe ouvrière ? Est-ce qu'une personne qui a pensé qu'Enron était une excellente opportunité d'investissement, que Ralph Nader, Wesley Clark et John Kerry pouvaient gagner, et que Kim Jong-il était en train d'évoluer positivement, est à même de donner le moindre conseil sur quoi que ce soit ? », Mooreexposed.com

Moorelies : fondé par Jason Clarke, créateur d'une entreprise de design et de consulting. Sous-titre : « Dire la vérité sur le pseudo-journaliste d'investigation de l'Amérique », moorelies.com

Watchingmichaelmoore est un blog mis en place en réaction à *Fahrenheit 9/11*, watchingmichaelmoore.blogspot.com/

Spinsanity a été fondé par trois étudiants « lassés du

recours au mensonge dans la politique aux États-Unis » : Ben Fritz, Bryan Keefer, et Brendan Nyhan. Ceux-ci conçoivent le site comme un « chien de garde » indépendant. Le travail de Moore a fait l'objet d'une attention soutenue de leur part au moment de la sortie de *Bowling for Columbine :* Spinsanity.org

Pour le film de Michael Wilson, *Michael Moore Hates America*, *cf.* www.michaelmoorehatesamerica.com

Pour Fahrenhype 9/11 : www.fahrenhype911.com

« Quelqu'un doit dire la vérité au pays concernant le terrorisme » : phrase de Dick Morris, ancien conseiller de Bill Clinton, qui sert d'introduction au film.

Peter Schweitzer, *Do As I Say (Not As I Do) : Profiles in Liberal Hypocrisy*, Broadway, 2006.

De Peter Schweitzer, voir aussi : « How the Grinch Stole Michael Moore », *Frontpagemagazine*, 13 décembre 2005 ; « Lies, and the Lying Leftist Who Tells Them », *Frontpagemagazine*, 24 février 2006.

Tous les détails et documents concernant les investissements boursiers de Moore figurent dans le livre et les articles.

Bernard Goldberg, *100 People Who Are Screwing Up America*, HarperCollins, 2005. Les phrases de Moore disant, en Allemagne et au Royaume-Uni, que le peuple américain est le plus stupide de la terre se retrouvent aussi dans le texte de David Brooks (« All Hail Moore », *New York Times*, 26 juin 2004, où Brooks évoque ce qu'il considère être l'antisémitisme de Moore.)

Humberto Fontova, « Ann Coulter vs. Michael Moore », discoverthenetwork.org, 15 juin 2006.

La lettre à Elian Gonzalez figure toujours sur le site de Moore : « A Letter of Apology to Elian Gonzalez from

Michael Moore », michaelmoore.com, 31 mars 2000. Moore n'en a, semble-t-il, pas honte.

Tous les détails sur le passé de Moore et sur ses projets de film concernant le conflit israélo-palestinien se trouvent dans « Michael Moore FAQ », www.faqs.org/faqs/celebrities/michael-moore-faq/part1/

Il existe deux autres parties : part2 et part3.

Le projet de Moore n'a rien à voir avec le court métrage *West Bank Story* d'Ari Sandel.

Les textes de Moore sur Katrina et sur le résultat des élections de novembre 2006 figurent sur son site : michaelmoore.com

9. *Sicko* ?

L'étude de l'OMS utilisée : World Health Report 2000 – Health Systems : Improving Performances. (www.who.int/whr/2000/en/).

Le classement s'est effectué en prenant en compte des critères tels que « l'équitabilité de la contribution financière » : « La mesure est fondée sur la part de la capacité de dépense (le revenu moins les dépenses d'alimentation) qui est consacrée à la santé. »

« Les technocrates de l'OMS, par la façon dont ils choisissent leurs indicateurs, indiquent leurs priorités en matière de politiques publiques », note Vicente Navarro, « The World Health Report 2000 : Can Health Care Systems Be Compared Using a Single Measure of Performance ? », *American Journal of Public Health*, n° 92, janvier 2002.

À Cannes : « Les journalistes canadiens ont parlé de la

longueur du temps d'attente que subissent les Canadiens avant d'avoir accès aux soins, une durée considérablement plus longue que les quelques minutes évoquées par Moore dans *Sicko*. Moore, qui a déjà subi une quantité considérable de critiques pour les inexactitudes factuelles omniprésentes dans ses films, a répondu par une affirmation très discutable. « Vous êtes dans une file d'attente plus longue que la nôtre parce que vous avez une espérance de vie supérieure à la nôtre », Peter Howell, « Canadian media needle *Sicko* », thestar.com, 20 mai 2007.

« On y dit par exemple que les Canadiens attendent en moyenne vingt minutes aux urgences des hôpitaux !... Son absence de rigueur le discrédite trop souvent. Et pas une seule voix pour contredire sa thèse à l'écran ! Pire encore, lorsqu'il entraîne à Cuba ses patients américains soignés là-bas comme des princes (tu parles, avec Moore derrière...), sa naïveté dépasse les bornes. À Cuba, il y a d'excellents médecins, mais on a de la difficulté à trouver de l'aspirine ! », Odile Tremblay, « 35 cinéastes pour 60 ans de festival », *Le Devoir*, 22 mai 2007.

« En pratique, la recherche de l'égalité formelle au Royaume-Uni a impliqué que les plus pauvres ont reçu des soins d'une qualité nettement inférieure à la moyenne européenne... En raison des interférences politiques, les médecins du pays, souvent, ne peuvent pas faire ce qui serait dans l'intérêt de leurs patients », Benedict Irvine, David Green, « The Way forward for Health Care in the United Kingdom », *British Medical Journal*, 31 août 2002.

Sur le National Health Service britannique, voir aussi : Rupert Darwall, « If the NHS had shareholders, they wouldn't tolerate its wastefulness », *The Daily Telegraph*, 21 juin 2004 ; Thomas Stuttaford, « Lack of NHS funding is endangering crucial cancer treatment », Timesonline.co.uk, 16 janvier 2003. Stuttaford écrit : « Les aspects indésirables du système actuel ne sont pas le résultat du marché, mais de décennies d'intervention gouvernementale et bureaucratique dans le domaine de la santé ».

Sur les problèmes de la Sécurité sociale française, *cf.* Hervé Duray, « Sécurité sociale : le meilleur système du monde ? », *Le Québecois libre* ; Jean-Luc Migué, *Santé publique, santé en danger*, Institut Turgot, 2005.

Sur le système de santé canadien, *cf. How Good Is Canadian Health Care ? 2005 Report*, Fraser Institute, Vancouver.

« Les chiffres montrent que le Canada dépense davantage en soins de santé que tous les autres pays de l'OCDE qui ont un système d'"accès universel", sauf l'Islande... Aucun pays du monde industrialisé autre que le Canada n'interdit à ses citoyens l'accès à un système de soins privés sur son territoire. Tous les pays qui font mieux que le Canada en termes de maladies nosocomiales, d'années de vie perdues en raison de maladies, de mortalité due au cancer, ont des systèmes de soins privés à côté du système public et une forme ou une autre de franchise. »

« Le Canada a, en moyenne, une unité de chirurgie cardiaque pour 200 000 personnes, les États-Unis en ont 600 pour 200 000 personnes. L'attente pour un pontage coronarien est de quelques heures aux États-Unis ; au Canada, elle va de quatre mois à un an », Sheldon L. Richman, « A Free Market for Health Care », dans Jacob G. Hornberger, Richard M. Ebeling, *The Dangers of Socialized Medicine*, Future of Freedom Foundation, 1994.

Les chiffres donnés par Richman sont ceux de l'année de parution de son livre.

Sur les systèmes Medicare et Medicaid qui garantissent intégralement la prise en charge des soins aux personnes âgées et aux personnes au seuil de pauvreté aux États-Unis, voir le site de la U.S. Social Security Administration : www.ssa.gov

Sur l'avènement d'une « médecine sociale » aux États-Unis, voir le livre classique de Paul Starr, *The Social Transformation of American Medicine*, Basic Books, 1984. Le livre a valu à son auteur le prix Pulitzer.

Sur le caractère embarrassant de Moore pour le parti démocrate et la gauche américaine, *cf.* Collin Levey, « The New Raph Nader », tcsdaily.com, 13 janvier 2005.

Sur l'annonce de *Michael Moore's Uprising* par Harvey Weinstein, voir Anne Thompson, « TWC pumps more Michael Moore », *Variety*, 18 mai 2007.

Sur la situation des gens sans assurance-maladie aux États-Unis, *cf.* Nina Owcharenko, « Solutions for the Uninsured », *The Atlanta Journal-Constitution*, 1er septembre 2006. « Les gens sans assurance sont soignés, mais ils attendent parfois trop longtemps pour prendre la décision de se soigner, ou ils utilisent les services d'urgence. »

Voir aussi Michael F. Cannon, « New Uninsured Estimate, Same Old Story », cato-at-liberty.org, 29 août 2006. « La couverture offerte par Medicaid encourage les employeurs à ne pas offrir de couverture maladie, incite les salariés à ne pas s'assurer et fait en conséquence monter le prix des assurances... Les chiffres sont très excessifs et incluent les gens qui, au cours de l'année, sont restés quelques jours sans assurance ».

Voir Michael D. Tanner et Michael F. Cannon, « Universal Healthcare's Dirty Little Secrets », cato.org, 6 avril 2007. « Il ne faut pas confondre assurance maladie et accès aux soins... Tous les Américains ont, au minimum, accès aux services d'urgence. Les hôpitaux sont tenus par la loi de soigner les malades et de procéder aux interventions chirurgicales indépendamment de la capacité du patient à payer. »

Une étude de santé sur les maladies développées par de nombreux sauveteurs de l'après-11 septembre à New York a été menée en 2006, lorsqu'il s'y est avéré qu'il y avait un lien entre de nombreuses maladies respiratoires et le site de l'ancien World Trade Center, *cf.* Anthony DePalma, « Illness Persisting in 9/11 Workers, Big Study Finds », *The New York Times*, 6 septembre 2006.

La loi appelée « New York State Workers Compensation Law » a été modifiée de façon que *soient couverts intégralement tous les sauveteurs malades*. Les « travailleurs et volontaires qui ne sont pas malades, mais risquent de le devenir parce qu'ils ont été exposés à l'air toxique du 11 septembre » sont concernés aussi. Toutes les maladies sont concernées, y compris les syndromes posttraumatiques d'ordre psychique. Tous les travailleurs et sauveteurs sont concernés, même si ce sont des immigrants illégaux. Pour les détails, voir le site du New York Committee for Occupationnal Safety and Health : www.nycosh.org

La phrase de P. J O'Rourke : « The Liberty Manifesto », cato.org, 6 mai 1993.

Sur Tony Benn, voir Dennis Kavanagh, « Tony Benn : Nuisance or Conscience ? », dans Kavanagh, *Politics and Personalities*, Macmillan, 1990.

Pour l'entretien intégral de Tony Benn avec Saddam Hussein, et pour se faire une idée de la déférence de Benn envers l'ancien dictateur, *cf.* news.bbc.co.uk/1/hi/uk_politics/2726831.stm

Pour se faire une idée de ce que pense Tony Benn, *cf.* www.bennites.com

« On craint le marxisme parce que sa visée est internationale, parce que la classe ouvrière se sent attirée par lui sur la planète entière, et parce qu'il inclut dans son internationalisme un potentiel qui permet de défaire l'impérialisme, le néocolonialisme et la finance multinationale. »

Sur la situation de la santé à Cuba : « Les hôpitaux s'effondrent, les patients doivent acheter les fils pour suturer les plaies au marché noir pour un prix élevé, et il est quasiment impossible de trouver des médicaments aussi élémentaires que l'aspirine », « Turning a blind eye to a favoured despot », *National Post*, 6 juillet 2004.

En parallèle, « Cuba a créé des hôpitaux spéciaux pour l'usage exclusif de clients qui paient en dollars. Ces hôpitaux sont équipés pour fournir des soins de qualité. En 1996 et les années suivantes, une moyenne de sept mille "touristes de la santé" ont payé à Cuba une moyenne annuelle de vingt-cinq millions de dollars pour des services médicaux... « Je pense que les services médicaux auront remplacé le tourisme en tant que principale source de revenus pour nous à la fin de l'année 2005, déclare le directeur du Centre d'études économiques à l'université de La Havane », « Cuba's medical services becoming major moneymaker », *SouthFlorida Sun Sentinel*, 18 décembre 2005.

Plus de cent rapports accablants sur les violations graves des droits de l'homme à Cuba sont répertoriés sur le site : www.cubaverdad.net.

Figurent, entre autres, tous les rapports d'Amnesty International ou de Human Rights Watch.

Pour Luis Moro, *cf.* « Michael Moore exposed by Cuban

filmmaker Luis Moro», http://youtube.com/watch?v=-Ae2qyP9OvM

Voir aussi: http://youtube.com/watch?v=Ven8_mrtYZY&mode=related&search=

«La seule chose qu'ait faite le gouvernement cubain fut de mener une campagne de propagande pour convaincre les gens crédules ou malhonnêtes que son système de santé fonctionnait bien. Ces gens croient ou prétendent croire pour des raisons idéologiques qu'une dictature peut détruire l'économie d'un pays, et néanmoins mettre sur pied un système de santé exemplaire... La statistique la plus fréquemment citée est que Cuba a le taux de mortalité infantile le plus bas de toute l'Amérique latine. Le croire implique de laisser de côté le fait que c'est un gouvernement systématiquement malhonnête qui fournit les statistiques...», Rich Lowry, «Michael Moore's sickness», King Features Syndicate, 4 juin 2007.

10. Bibliographie de Michael Moore

Dégraissez-moi ça! «Petite balade dans le cauchemar américain». La Découverte. 2000. Traduit de l'anglais par Marc Saint-Upéry.

Réédité dans la collection 10/18, 2004.

Mike contre-attaque! «Bienvenue aux États Stupides d'Amérique». La Découverte. 2002. Traduit de l'anglais par Marc Saint-Upéry.

Réédité dans la collection 10/18, 2003.

Downsize This. PAN, 2002.

Adventures in a TV Nation. PAN, 2002.

Tous aux abris. «Mike, l'arme de dérision massive». La

Découverte. 2004. Traduit de l'anglais par Marc Saint-Upéry.
Réédité dans la collection 10/18, 2004.
Official Fahrenheit 9/11. Penguin Books, 2004.
Will they Ever Trust Us Again, Penguin Books, 2005.

11. Filmographie de Michael Moore

Roger et moi (1989).
Canadian bacon (1995).
The Big One (1999).
Bowling for Columbine (2002).
Fahrenheit 9/11 (2004).
Sicko (2007).
Fahrenheit 9/111/2 (prochainement).

Table des matières

Cet ouvrage a été imprimé par la
SOCIÉTÉ NOUVELLE FIRMIN-DIDOT
Mesnil-sur-l'Estrée
pour le compte des Éditions du Rocher
en janvier 2008

Éditions du Rocher
28, rue Comte-Félix-Gastaldi
Monaco

Imprimé en France
Dépôt légal : janvier 2008
N° d'impression : 88089